Retórica à moda brasileira

FUNDAÇÃO EDITORA DA UNESP

Presidente do Conselho Curador
Mário Sérgio Vasconcelos

Diretor-Presidente
José Castilho Marques Neto

Editor-Executivo
Jézio Hernani Bomfim Gutierre

Assessor Editorial
João Luís Ceccantini

Conselho Editorial Acadêmico
Alberto Tsuyoshi Ikeda
Áureo Busetto
Célia Aparecida Ferreira Tolentino
Eda Maria Góes
Elisabete Maniglia
Elisabeth Criscuolo Urbinati
Ildeberto Muniz de Almeida
Maria de Lourdes Ortiz Gandini Baldan
Nilson Ghirardello
Vicente Pleitez

Editores-Assistentes
Anderson Nobara
Jorge Pereira Filho
Leandro Rodrigues

MARIA RENATA DA CRUZ DURAN

Retórica à moda brasileira

Transições da cultura oral para a cultura escrita no ensino fluminense de 1746 a 1834

© 2013 Editora UNESP

Direitos de publicação reservados à:
Fundação Editora da UNESP (FEU)

Praça da Sé, 108
01001-900 – São Paulo – SP
Tel.: (0xx11) 3242-7171
Fax: (0xx11) 3242-7172
www.editoraunesp.com.br
www.livrariaunesp.com.br
feu@editora.unesp.br

CIP-BRASIL. CATALOGAÇÃO NA PUBLICAÇÃO
SINDICATO NACIONAL DOS EDITORES DE LIVROS, RJ

D952r

Duran, Maria Renata da Cruz
   Retórica à moda brasileira: transições da cultura oral para a cultura escrita no ensino fluminense de 1746 a 1834 / Maria Renata da Cruz Duran. São Paulo: Editora Unesp, 2013.

   Recurso digital
   Formato: ePDF
   Requisitos do sistema: Adobe Acrobat Reader
   Modo de acesso: World Wide Web
   ISBN 978-85-393-0479-0 (recurso eletrônico)

   1. Educação – Rio de Janeiro (Estado) – História. 2. Memória coletiva. 3. História oral. 4. Alfabetização – Aspectos sociais – Rio de Janeiro (Estado). 5. Livros eletrônicos. I. Título.

13-04820
CDD: 370.98153
CDU: 370.98153

Este livro é publicado pelo projeto *Edição de Textos de Docentes e Pós-Graduados da UNESP* – Pró-Reitoria de Pós-Graduação da UNESP (PROPG) / Fundação Editora da UNESP (FEU)

Editora afiliada:

Asociación de Editoriales Universitarias
de América Latina y el Caribe

Associação Brasileira de
Editoras Universitárias

Dedico este trabalho à minha irmã, Maria Raquel

Agradeço aos amigos: Antonio Newton Pimenta, Belmira A. O. Bueno, Camila Côndilo, Carolina Lima, Carlota Boto, Celso Costa, Claudia Bovo, Claudia Rodrigues, Daniela de Simoni, Daniela Rocha Teixeira, Denise Moura, Dora Ostronoff, Guilherme Pereira das Neves, Isabel Drummond Braga, Jorge Pereira Sampaio, Leila Mezan Algranti, Líria Betiol, Luiz Arcanjo, Maraiza Pereira, Márcia Pereira, Márcia Naxara, Marcos Sorrilha, Marina de Lorenzo, Maria Inês Bastos, Nelson Schapochnik, Roger Brunório, Roberto Acízelo de Souza, Roberto de Oliveira Brandão, Rodrigo Touso, Samuel Fernando de Souza, Silvia Jacintho, Suzana Sampaio, Susani Lemos França, Tel Amiel e Tereza Rolo Fachada Levy Cardoso. Agradeço também aos meus avós, pais, irmãos, cunhada e sobrinhos. E, especialmente, ao orientador deste trabalho, Jean Marcel Carvalho França, por ter me ensinado que cada um faz seu próprio caminho.

"É a conduta do orador, antes de qualquer coisa, que deve ser cultivada pelo estudo..."

Quintiliano, XII, 2, 1, *Institutio Oratória*

SUMÁRIO

Prefácio   13
Apresentação   19

1 Revolução e instrução   27
2 Mestres e pupilos   69
3 Compêndios e manuais   101
4 Jornalistas e leitores   141

Considerações finais   173
Referências   181

Prefácio

Carlota Boto[1]

Retórica à moda brasileira: transições da cultura oral para a cultura escrita no ensino fluminense de 1746 a 1834 é o título deste relevante livro, que pode ser compreendido no âmbito da história social do Brasil e da história da educação brasileira. A proposta da autora Maria Renata da Cruz Duran é a de discutir os significados da Retórica na tradição cultural brasileira. Para tanto, debate a cultura letrada impressa em páginas de jornais e periódicos, bem como os processos de formação que deram lugar à produção de tais discursos. Discute a educação dos colégios jesuíticos e das aulas régias e demonstra a dupla finalidade do preparo da Retórica: formar escritores para as belas-letras e preparar funcionários do reino.

Nascida em São Paulo, Maria Renata da Cruz Duran é graduada em História pela Universidade Estadual Paulista, *campus* de Franca. Seus estudos de pós-graduação foram feitos na mesma instituição, sob orientação do professor Jean Marcel Carvalho França. É autora da dissertação *Frei Francisco do Monte Alverne e a sermonística no Rio de Janeiro de d. João VI,* trabalho publicado pela Editora Unesp com o título *Ecos do púlpito* e agraciado em 2008 com o prêmio Monografias da Sociedade Histórica da Independência de Portugal. Maria

---

1 Professora associada na Faculdade de Educação da Universidade de São Paulo.

Renata integra o conjunto de autores do livro intitulado *Triunfos da Eloquência. Sermões reunidos e comentados de 1658-1854*. Em 2012, a autora concluiu seus estudos de pós-doutoramento na Faculdade de Educação da USP, sob orientação da professora Belmira Bueno. Maria Renata é professora adjunta de História Moderna da Universidade Estadual de Londrina. Este livro corresponde a sua tese de doutorado, defendida em 2009 com o título original de *Retórica e Eloquência no Rio de Janeiro*. Sua escrita elegante é acompanhada por uma pesquisa historiográfica meticulosa e muito bem ancorada em arquivos. É um trabalho que, com boa desenvoltura, traz contribuição original para os estudos sobre a história da escola no Brasil.

No dicionário, por suposto, podemos encontrar os usos comuns de um termo. O *Diccionario da Lingua Portugueza* de autoria de Antonio de Moraes Silva,[2] publicado em Lisboa no ano de 1813 e dedicado ao príncipe regente, define Retórica como a arte de falar e escrever bem para persuadir os ouvintes. No *Dicionário Contemporâneo de Língua Portuguesa*, F. J. Caldas Aulete,[3] autor importante no cenário cultural luso-brasileiro do século XIX, define a Retórica como a "arte que expõe as regras para bem dizer ou para falar eloquentemente; a arte do orador". A Retórica seria, então, o procedimento de ornar o discurso e, ao mesmo tempo, a "aula em que se ensina essa arte". Admite-se também a Retórica como o tratado ou livro que contém os preceitos de técnicas persuasivas para produção de efeitos de expansão do discurso, com o fito de causar impressão no púbico. Michel Meyer[4] recorda que a Retórica pode, sim, servir para a manipulação de ideias. Mas ela, em si, é muito mais do que isso. Trata-se, no limite, de uma linguagem mediante a qual é constituído um discurso racional. A "força dos argumentos" é, nesse sentido, auxiliada pela "beleza do estilo". Tudo isso gera, como se por natureza, o artifício de, com correção, falar ao coração.

---

2 Silva, A. de M. *Diccionario da Língua Portuguesa*. Lisboa: Typographia Lacerdina, 1813.

3 Caldas Aulete, J. F. *Dicionário contemporâneo da língua portuguesa*. 3.ed. actual. IV volume. Lisboa: Sociedade Industrial de Tipografia Limitada, s.d.

4 Meyer, M. *A Retórica*. São Paulo: Editora Ática, 2007.

Pretende-se convencer e, por vezes, comover o espectador/leitor. A Retórica é, portanto, um método para compor a linguagem verbal. A Retórica aparece também em volumes e opúsculos dirigidos para o ensino desse método. E a Retórica é uma forma de ensino. É desta forma de ensinar que se vai falar a seguir.

Entre meados do século XVIII e XIX, a Retórica era uma peça tanto da cultura escrita quanto da tradição oral. Era mobilizada para engendrar um estilo cultural próprio das camadas sociais que, enriquecendo, vinham aos poucos ganhando distinção. Distintiva pelo estilo e pelo vigor com que era professada, a Retórica declara suas convicções, rapidamente assimiláveis, convincentes, assertivas e certeiras. Por ser assim, é um discurso muito apropriado para a lógica política e para o meio acadêmico, em ambos os territórios tem o convencimento do outro como principal meta.

Modo de lidar com as palavras, a Retórica é fundamentalmente uma estratégia de pensamento, fundada em critérios técnicos e racionais, que dirigem o olhar e a construção de significados. O estudo da Retórica de outrora é uma forma oportuna para compreendermos a atualidade desse tema, tão passado e tão contemporâneo nosso. Nesse sentido, este livro demonstra como a literatura Retórica produzida no Brasil entre os Setecentos e os Oitocentos correspondia ao valor público de um modo de ser brasileiro; ou seja de uma determinada camada de brasileiros que disputava o protagonismo da cena social, cultural e política da nação. Esse brasileiro era suposto ser eloquente e hábil no que aqui se nomeia "esgrima das palavras".

Discursos solenes, declamações de louvor, o gosto pelo verbo solene dito em público, tudo isso correspondia a uma dinâmica clara de estratificação social. Consoante, o bem falar deveria ser correspondente a um dado padrão de comportamento. E, no limite, entre palavras, gestos e movimentos, a cultura retórica firmava clivagens, interdições e diferenciações sociais. Nem todos teriam o mesmo *savoir vivre* na sociedade letrada. Nem todos demonstrariam se sentir à vontade para falar em qualquer ocasião. A maior parte das pessoas não saberia sequer fazer isso. A boa Retórica é fruto de um processo formativo. Não é algo inato. Exige educação. Por isso, expressa também a marca de um lugar social, do reconhecimento público de que ali fala alguém que aprendeu a falar; ali escreve aquele que domina os códigos da cultura letrada. Retórica é, a um só tempo, domínio da cultura oral e expertise na cultura escrita. A formação do orador viria na esteira de certo perfil para as belas letras. Diz este livro que ambas as tendências estão presentes na formação social brasileira.

Retomando a literatura retórica existente na tradição que Portugal legou ao Brasil, Maria Renata da Cruz Duran indica a centralidade da obra *O verdadeiro método de estudar*, de Luís António Verney, publicada em Portugal em meados do século XVIII. Verney é tido como um dos teóricos que teriam sido indiretamente responsáveis pelas reformas pombalinas da instrução pública. Na mesma lógica, a autora remete-se ao *Compêndio histórico do estado da Universidade de Coimbra no tempo da invasão dos denominados jesuítas*. Esse documento, assinado por Pombal, deu lugar e origem a que imediatamente depois de sua promulgação viessem a público o resultado dos trabalhos que produziram a reforma dos Estatutos da Universidade de Coimbra. As práticas da eloquência, como demonstra a autora, eram bastante aplicadas no próprio estilo das aulas na universidade jesuítica criticada por Pombal: a vaidade e o orgulho perante o conhecimento que se detém eram compreendidos como efeitos naturais do aprendizado acadêmico.

Duran apresenta a tipografia e o efeito irradiador da cultura impressa como fatores que impulsionaram mudanças no campo da educação. As obras circulavam, aumentava o número de livros disponíveis, nem sempre o aprendizado da leitura – que ainda era diminuto no período – vinha por meio da escola. Eram poucas as escolas. O Estado precisaria encarregar-se da formação dos súditos do reino. Daí a institucionalização das aulas régias, as quais, por fragmentárias que fossem, mesmo assim tinham um impacto social que pretendia ser alargado ao longo das gerações. Era preciso, pela escola, ensinar as pessoas a pensar melhor sobre o mundo. Não se tratava de um mero aprendizado das letras. Entendia-se que a cultura das letras daria ao sujeito a oportunidade de organizar e de transmitir pensamentos e ideias. Este livro sublinha, com muita clareza, que o aprendizado da Retórica tinha, ainda, um efeito colateral: deveria ensinar o estudante a comportar-se. O aprendizado da conduta era tido como socialmente imprescindível; tão necessário quanto o aprendizado das palavras. Havia – pode-se dizer – uma tarefa de civilidade inscrita no aprendizado dos modos de se argumentar e, em especial, nas maneiras de enfrentar os argumentos do outro. Mais do que isso, supunha-se que aprender a Retórica era aprender a dimensão moral da existência. Por ser assim, como diz a autora, o trabalho do mestre era exercido pela "imposição de uma disciplina à conduta do aluno". Mais do que os outros professores, a fronte do mestre de Retórica deveria, nesse sentido, ser dotada de "autoridade, distinção e erudição". Como os demais mestres, ele deveria ser tomado como "modelo de comportamento pela força do exemplo". E fazia isso incutindo em seus discípulos o sentido do dever e o ímpeto de cumprimento das obrigações. A ideia era a de formar os conhecimentos úteis. A leitura deveria ser acompanhada pelo bem pensar e pela arte de falar.

A Retórica, pouco a pouco, naquele tempo, se firmava como uma linguagem apropriada aos cargos da burocracia administrativa do Estado. Havia necessidade de profissionalizar a população para dar conta dos ofícios da vida urbana. Havia escassez de profissionais formados. Não era apenas da formação do orador que a Retórica tratava. O aprendizado das técnicas do comércio, da escrita mercantil, da contabilidade e das leis exigia o domínio das artes do pensar correto. Isso tanto em Portugal quanto no Brasil. Cargos públicos deveriam ser preenchidos por pessoas capazes de demonstrar e verbalizar pela linguagem sua fé pública. O funcionamento das aulas régias, bem descritas neste livro, demonstra como se dava o ordenamento da função pública no Brasil. O letrado no Brasil estaria habilitado para candidatar-se ao serviço público.

O principal atributo da formação Retórica era a recolha de excertos seletos. Isso vinha já recomendado nos compêndios escolares. Bebia-se nas fontes clássicas e se escolhia nelas o que se supunha ser pedagógica e moralmente valioso. Duran demonstra que a lição prescrita para a Retórica fundava-se em uma clara e tradicional dinâmica de aula: o professor explica o tema, os alunos expõem suas dúvidas e oposições, o professor responde às perguntas e rebate as oposições em um modelo de discurso que, na sequência, deveria ser reproduzido pelo aluno – oralmente e por escrito. A Retórica era, desde a aula, um artifício para engendrar o suposto dom da eloquência fácil. O discurso dirige-se ao afeto tanto quanto mobiliza e convoca a habilidade da razão. Os argumentos devem ser amplificados e simultaneamente deve-se saber sintetizá-los. Tudo deve parecer dito de cor e pelo coração. Nesse sentido, a Retórica inventa um suposto bom gosto, que é, enquanto tal, a fala correta e certeira sobre aquele assunto tópico. Mais do que a força do estilo, a Retórica alia a forma da oratória ao conteúdo do conhecimento propagado. Não basta ao discurso ser belo; é fundamental que ele tenha alguma substância, motivo pelo qual, em geral, é considerado belo. Há de se ter clareza, distinção, capacidade de análise, de síntese, de ornamento e a habilidade para operar o "princípio da demonstração".

Nos compêndios, nas aulas régias, nas universidades, nos jornais e nos ofícios, este livro aponta os vários redutos onde o discurso retórico podia ser encontrado entre o final dos Setecentos e a primeira metade dos Oitocentos. No caso dos jornais, há uma correlação – diz a autora – entre a constância das publicações e a reputação dos letrados. O jornal pretendia tocar os afetos para persuadir o leitor com boas palavras. A simetria das palavras traduzia o direcionamento moral do texto. Era preciso conhecimentos úteis para instruir o brasileiro. E os jornais assumiam essa função pedagógica. A crítica visava normatizar o gosto e criar um padrão de atitudes e de referências indicativos de um "caráter nacional brasileiro". A ideia era galvanizar sentimentos e afetos para preparar a racionalidade da nação, o sentimento de coletividade. A Retórica do jornal e das revistas pretendia, ainda, realizar essa tarefa instrutiva como se estivesse entretendo. Enfim, o estudo de todas essas vertentes do discurso retórico na formação social do Brasil oitocentista evidencia traços que podemos ainda distinguir nas marcas políticas dos vários discursos que ainda ecoam em nossa contemporaneidade.

APRESENTAÇÃO

Uma peça oratória acessada numa tela de computador é como um rascunho sem cor num livro de aquarelas: ambos dizem muito pouco sobre sua força ou vivacidade dos seus respectivos originais. Ainda assim, têm o poder de suscitar alguma curiosidade, a partir da qual estudos como o que apresentamos agora são feitos. Restritos à condição de rascunho, depauperados de seu *status* de arte privilegiada, dois discursos em papel foram considerados como limites temporais deste trabalho: *O verdadeiro método de estudar*, de Luís Antônio Verney, que, escrito na forma de cartas e originalmente publicado em 1746, serviu como pressuposto teórico para a edificação de uma reforma na instrução lusófona, e as *Lições elementares de eloquência nacional para uso da mocidade de ambos os hemisférios*, de Francisco Freire de Carvalho, que, publicadas em 1834, uniformizaram o ensino da matéria no Brasil. Nesses limites, quatro quadros compõem a história ora apresentada, dispostos pela seguinte sorte: 1. Revolução e instrução; 2. Mestres e pupilos; 3. Compêndios e manuais; 4. Discursos e jornais.

Os traços que orientaram essas direções seguiam um impulso de explicar, por um lado, o modo de ser do brasileiro, seu gosto pela conversa fiada, suas silabadas políticas; e, por outro, de descobrir a genealogia dos sistemas acadêmicos luso-brasileiros, revelando o fraco dos intelectuais tupiniquins pelo louvor, pela exibição pública, pela esgrima das palavras. Ao longo da pesquisa, prevaleceu o interesse pela instrução de caráter retórico ministrada desde o tempo de Pombal, bem como nos seus principais desdobramentos no Brasil de Pedro I. Ao correr da pena, os traços de Rugendas nos serviram como mote para os capítulos apresentados.

Nesse mundo de gestos, a comoção geral pela passagem do jovem imperador é expressada em lenços se abanando, chapéus sendo tirados, pessoas apontadas. E se os padres, os soldados e as mulheres podem ser distinguidos até mesmo num rascunho como esse, também a retórica dessa época pode ser estudada por meio dos registros escolares. Na tinta forte dos poucos e dispersos registros escolares, encontramos várias páginas do cotidiano setecentista e oitocentista marcadas pela solenidade do discurso e pelo respeito quase religioso em relação ao orador, pela estrutura das orações sempre iniciadas por escusas de humildade, pelo sentimento de missão justificando as atitudes do falante, pela estratificação hierárquica dos colégios em função da boa retórica, pela preferência dos estudos da eloquência em detrimento da filosofia. Mas foi nas cores locais de uma transição da cultura oral para a cultura escrita, forjando aí hábitos indeléveis, que procuramos nos fixar.

Tão antiga quanto Aristóteles, a Retórica resistiu como disciplina de estudos e tema de debate na cultura ocidental desde meados do século VI a.C. Entre seus expoentes, Quintiliano, com o trabalho *Institutio Oratoria*, escrito a propósito da educação dos grandes homens na Roma antiga; e Cícero, que manteve o interesse pela disciplina utilizando seus recursos em prol da justiça. Durante a Idade Média, vários foram os autores dedicados à temática, haja vista sua importância no ensino da época – dividido entre o *trivium*, tempo dedicado à Gramática, Lógica e Retórica, e o *quadrivium*, quando se estudava Aritmética, Música, Geometria e Astronomia. Na aurora da idade contemporânea, foi praticamente uma das armas da revolução, alvejando o ensino religioso e iluminando o caminho de oradores como Robespierre. No século XX, o polonês Chaïm Perelman e a belga Lucie Olbrechts-Tyeca restauraram os interesses em torno da matéria publicando o *Tratado da argumentação*, em 1958. Resistente, a retórica ainda é considerada um tema relevante na sociedade ocidental, não apenas por dar a conhecer as boas maneiras e os modos de persuasão no mundo da comunicação, mas também por fornecer parâmetros de orientação ao pensamento.

Em terras lusófonas, Antonio Vieira destacou-se pelas vantagens da boa oratória e do domínio da arte da conversação com a finalidade de incrementar o progresso das gentes, conforme pregava-se na cartilha jesuíta. Mas nem só de Vieira se fez o prestígio da retórica entre os lusos parlantes; segundo João Francisco Marques, autor de *A parenética portuguesa e a dominação filipina*, ainda que os oradores sagrados tenham se distinguido nesse campo, com a reforma dos estudos maiores e menores proposta durante o governo de D. José I, em companhia do célebre Marquês de Pombal, a retórica das cátedras também merece atenção.

Foi nessa época que o estudo da Retórica oficializou-se como a viga mestra do ensino lusitano, o que também compreendia a América Portuguesa, onde a eloquência era reconhecida como atributo natural. Para Ferdinand Denis, no início do Oitocentos, "o povo brasileiro [já era] um povo de oradores" (Denis, 1980, p.143). Na segunda metade do século XIX, todavia, esse atributo foi discriminado de modo pejorativo, como as palavras de António Augusto da Costa Aguiar (1862, p.83) nos levam a crer: "os brasileiros imaginam que os conhecimentos úteis se adquirem como as ostras adquirem a pérola pela inação e abrindo a boca".

Erística ou edificante, a Retórica disseminada entre os brasileiros do tempo de D. José I e D. Pedro I galgou a atenção de alguns estudiosos preocupados com aspectos fundantes da literatura e da identidade brasileira. Silvio Romero (1949), em *História da literatura brasileira*; José Veríssimo (1969), também com uma *História da literatura brasileira*; Wilson Martins (1977), em *História da inteligência brasileira*; e Haroldo Paranhos (1937), com sua *História do Romantismo no Brasil* foram alguns dos pioneiros nesses apontamentos. Mais tarde, Sérgio Buarque de Holanda (1991), em *Capítulos de literatura colonial*; Antonio Candido (1969), em *Formação da literatura nacional*, e Maria Beatriz Nizza da Silva (1986), em *Império luso-brasileiro (1750-1822)*, demarcaram a relevância da retórica e da eloquência na formação de uma literatura e de um perfil para o beletrista da América Portuguesa na época; assinalando, sobretudo, a importância do tema para uma reflexão sobre o trânsito de informações e costumes entre uma cultura oral e outra escrita.

Preocupados com a esfera política da sociedade fluminense nos idos da Revolução Francesa estiveram Brasil Bandecchi (1983), com *Ledo*: pensamento e ação nas lutas da independência; Cecília Helena Sales de Oliveira (1986), com *Astúcia liberal*; Gladys Sabina Ribeiro (2002), com *A liberdade em construção*; Marcia Regina Berbel (1999), com *A nação como artefato*; Iara Lis Carvalho Souza (1998), com *Pátria coroada*. O interesse desses autores pela retórica esteve concentrado nos termos cunhados em cada discurso e no posicionamento partidário dos seus discursantes. José Murilo de Carvalho (2000), no breve artigo "História intelectual no Brasil: a retórica como chave de leitura", e Lúcia Maria Bastos Pereira das Neves (2003), com o vasto e denso *Corcundas e constitucionais*: cultura política da independência (1820-1822), também aludiram à eloquência local como uma fonte de pesquisas sobre o modo de assimilação e difusão de ideias políticas.

No campo da educação, recentemente, Giselle Fernandes (2006) redigiu sua tese de doutorado, *Do Ratio Studiorum aos manuais de estilo do final do século XIX*, cuja preocupação era discernir a influência da retórica nos livros didáticos de redação e, portanto, no ensino da escrita em português. Thaís Nívia de Lima Fonseca, Tereza Rolo Fachada Levy Cardoso, Regina Zilberman, Mariza Lajolo e Guilherme Pereira das Neves, contudo, trilharam esse caminho há mais tempo. A primeira, com artigos como "Historiografia da educação na América portuguesa", publicado no número 14 da *Revista Lusófona de Educação*, e textos como *Discurso político e práticas educativas no século XVIII*, apresentado no IV Congresso Luso-Brasileiro de História da Educação, realizado em 2006 na cidade de Uberlândia. A segunda, com obras como *As luzes da educação*: fundamentos e prática nas aulas régias do Rio de Janeiro

(1759-1834) (Cardoso, 1998). Regina Zilberman e Marisa Lajolo (1991), com *A leitura rarefeita*; e Guilherme P. Neves com sua tese sobre o Seminário de Olinda. Nesse campo, Laerte Ramos de Carvalho (1978), com *As reformas pombalinas da instrução pública*; e Carlota Boto (1966), com *A escola do homem novo*: entre o Iluminismo e a Revolução Francesa, são referências tão basilares quanto Fernando de Azevedo e Moacir Primitivo (1936), com *A instrução e o império*, ou Fernando de Azevedo (1958), com *A cultura brasileira*.

Sua preocupação com as reformas pombalinas na instrução lusitana e o sentido que a educação e a escola assumiriam no tempo do Iluminismo, indicando a retórica como importante área de conhecimento na época, os escusou de traçar um perfil mais específico das influências da eloquência naquela educação efetivada fora da escola, como aquela recebida nas igrejas.

Tratando-se da oratória sagrada como veículo de instrução, Ramiz Galvão (1926) apresentou uma tese inaugural no artigo "O púlpito no Brasil". Hélio Lopes (1958), com *Frei Francisco do Monte Alverne, pregador imperial*, o acompanhou nessa missão, destacando o alcance e a amplitude da tarefa educativa dos padres-mestre e dos pregadores. Entrementes, Hélio Sodré (1968) compilou diversos discursos e orações de autores locais e estrangeiros na sua ampla *História da eloquência universal*, cuja proposta era apresentar os cânones da área ao público local. Por seu turno, Luís da Câmara Cascudo (1984), em *Literatura oral no Brasil*, procurou mapear os vestígios e a permanência de uma cultura popular da oralidade no imaginário e na maneira de se expressar dos habitantes do Brasil desde o século XVI.

Mesmo que todos esses autores tenham assinalado alguma importância para a retórica e para a eloquência na fundação da cultura brasileira, apenas três pesquisadores dedicaram-se com afinco ao estudo da matéria: Roberto de Oliveira Brandão (1972), com seus *Estudos sobre os manuais de retórica e poética brasileiros do século XIX*; Roberto Acízelo de Souza (1999), com o livro *O império da eloquência*: retórica e poética no Brasil oitocentista; e Eduardo Vieira Martins (2005), com *A fonte subterrânea*: José de Alencar e a retórica oitocentista.

24   MARIA RENATA DA CRUZ DURAN

Roberto de Oliveira Brandão (1972) elegeu os manuais e compêndios de retórica e poética, publicados ao longo do século XIX, como objetos de estudo. Sua preocupação foi definir qual estrutura textual se oferecia nesses livros para a literatura nacional. Em trabalhos posteriores, como no texto "Os manuais de retórica brasileiros do século XIX" (Brandão, 1988), o autor apresentou avanços acerca dessa temática, abordando a função e a permanência da retórica na educação nacional. Para Brandão, a presença da oratória no país remonta à educação jesuíta do século XVI. Além disso, sua adesão à realidade brasileira aconteceu tanto como "traço de personalidade", adequado pelo comportamento dos beletristas locais; quanto como "força escultural", moldando a noção de cultura e de postura intelectual no país em gestação.

Roberto Acízelo de Souza (1999), por sua vez, estudou a retórica e a poética por meio dos planos de ensino no Colégio Pedro II da segunda metade do século XIX. Souza esforçou-se por comprovar a continuidade do uso da disciplina no cotidiano do fluminense letrado, tendo em vista algumas orações da época, as práticas educativas de então e a formação de uma literatura local. Miguel do Sacramento Lopes Gama, célebre autor de *O carapuceiro*, foi um dos protagonistas dessa história, dado o longo período de sua vida dedicado ao ensino de retórica. Entre as conclusões de Souza deve-se ressaltar a longevidade alcançada pela eloquência na instrução fluminense.

Eduardo Vieira Martins (2005) delimitou seus estudos à mudança estrutural da disciplina que, em meados de 1830, deixou de ter as obras de Quintiliano ou Cícero como referência e passou a ser abalizada pelas regras forjadas por Hugh Blair. A permanência da retórica e da eloquência na cultura brasileira também foi abordada nesta pesquisa, a partir de um cotejamento entre as obras de Francisco Freire de Carvalho e José de Alencar. Na síntese de Martins, a literatura nacional e, sobretudo, o discurso da geração romântica oitocentista foram construídos segundo a estrutura textual e o universo vocabular disseminados por meio de uma instrução de caráter retórico, se não eloquente.

Em seus trabalhos mais antigos, esses três autores referiram-se à segunda metade do século XIX, quando a disciplina já possuía certa uniformidade. Entre suas fontes se podem encontrar manuais, compêndios, planos de ensino, registros de aulas, decisões e ordens do Estado brasileiro; enfim, fontes que lhes serviram como referência para localizar a contribuição que a retórica e a eloquência forneceram à Educação. Quanto à formação de um discurso brasileiro, se não de uma literatura nacional, um deles recorreu a um literato da época, José de Alencar, enquanto os demais mantiveram-se atentos à produção de uma literatura didática ou pedagógica, cuja difusão dar-se-ia num cotidiano ainda inexplorado como dínamo literário.

Entre os estudos portugueses relacionados à temática, a referência aos sermões de Vieira é constante. Quando dedicados à literatura ou à educação do tempo de Pombal, os estudiosos portugueses do século XX preferiram esmiuçar a obra de Luís António Verney (1952), autor de *Verdadeiro método de estudar* (publicada em 1746), ou, ainda, descrever a formação oferecida na Universidade de Coimbra a dedicar-se exclusivamente às aulas de retórica. No século XXI, destaca-se a obra *Cultura escrita. Séculos XV a XVIII*, de Diogo Ramada Curto, em que se pode distinguir a importância da matéria na Idade Moderna. Para Curto (2007, p.60), nessa época o prestígio de uma língua era mensurado segundo sua proximidade em relação aos "modelos de Antiguidade", "o qual o latim e a *eloquentia* dos clássicos deviam [servir como] a base de uma nova cultura humanista", daí a importância dos estudos de retórica, sobretudo a partir de 1756, quando eles passaram a ser proferidos na língua materna. Segundo Curto (2007, p.90), as transformações ocorridas no uso da língua acrescentam novos veículos de comunicação aos já conhecidos, mas também mantiveram "intenções de controlar a palavra oral e vigiar os rumores". Se importa ver na retórica de então uma crença arraigada, o leitor também deve estar atento às novidades que ela traz, pois "no mesmo quadro de práticas de escrita em que se fazem sentir protecções nobiliárquicas, lógicas de parentesco e estratégias de afirmação por parte de várias ordens religiosas, [...] também se assiste à formação de diferentes identidades coloniais e nacionais" (Curto, 2007, p.129).

Como se viu, há uma série de estudos acerca da retórica e da eloquência lusófonas no Brasil e em Portugal. Talvez porque a matéria tenha contribuído para que se pactuassem regras comuns para o uso da língua portuguesa, certamente porque seu exercício tenha significado a naturalização de um conjunto de palavras comuns e de um jeito de falar peculiar que, depois, chamou-se de *brasileiro*. Desses modos ou de outros, ao passo que a cultura oral foi regrada pela retórica, edificou-se uma cultura escrita avaliada em meio à dispersão dos registros escolares e à prensa incipiente dos jornalistas que culminou numa revolução dos costumes locais. Nesse quadro, interessou-nos saber o quanto da primeira foi utilizado em favor da legitimação da segunda, e como a retórica disseminada nas cátedras fluminenses de então fomentou o gosto pela leitura e pela escrita no mundo de gestos em que consistia o Rio de Janeiro das gelosias de madeira, dos poucos carros de bois, dos domingos de missa na Capela Imperial, dos passantes do Seminário São José. Para tal, voltemos ao rascunho de Rugendas e detenhamo-nos nas peculiaridades de alguns de seus traços.

Fonte: Rugendas, 1940

1
REVOLUÇÃO E INSTRUÇÃO

*"Uma revolução tão assombrosa na ordem política
não pode operar-se e firmar-se senão quando ela conseguir mudar os costumes, os hábitos e os preconceitos
do povo chamado a este alto destino; e esta obra é
mais peculiar da educação que das leis."*

(Dupuis, *Parecer sobre a Instrução Pública*, 1796)

Para Alexis de Tocqueville (2009, p.15), o último quartel do
século XVIII foi marcado pelas ideias que inspiraram a Revolução
Francesa:

a Revolução Francesa operou, com relação a este mundo, preci-
samente do mesmo modo que as revoluções religiosas agem com
vistas ao outro; considerou o cidadão de um modo abstrato, apar-
tado de todas as sociedades particulares, assim como as religiões
consideram o homem em geral, independentemente do país e da
época. Não indagou apenas qual era o direito particular do cidadão
francês, mas quais eram os deveres e os direitos gerais dos homens
em matéria política.

28 MARIA RENATA DA CRUZ DURAN

Segundo esse aristocrata nascido em 1805, a revolução causou
menos mudanças na administração pública que no modo de pensar
das pessoas. Ainda que esperassem destruir a religião, para Tocqueville, os revolucionários mantiveram o sentido de religiosidade nas
comunidades da Europa Ocidental, conservando o senso de missão
típico do cristianismo, então redirecionado em prol da razão e das
luzes, no que se legitimou o desprestígio das instituições religiosas
de ensino e a edificação de propostas laicas e públicas na educação:

A única garantia que imaginam contra o abuso do poder é a
educação pública; pois, como diz ainda Quesnay, "o despotismo é
impossível se a nação for esclarecida". "Atingidos pelos males que
os abusos da autoridade provocam", diz outro discípulo seu, "os
homens inventaram mil meios totalmente inúteis e negligenciaram
o único realmente eficaz, que é o ensino público geral e contínuo da
justiça em sua essência e da ordem natural". É com essa pequena
algaravia literária que pretendem suprir todas as garantias políticas.
(ibidem, p.177)

Paralelamente, o interesse da Igreja Católica em desabonar, entre
outras,[1] a poderosa Companhia de Jesus, restituindo a si os domínios desbravados pelos filhos de Loyola, foi marcado pelo breve do
papa Clemente XIV extinguindo a Companhia de Jesus em 1773,
postura já adotada na França e em Portugal em 1758 e 1759, respectivamente, quando os inacianos tiveram que deixar as terras desses
países. Passemos os olhos, pois, por alguns dos aspectos do tipo de
instrução propagado por essa Companhia, conforme as críticas que
em Portugal endossaram sua derrocada.

Em 23 de dezembro de 1770 saía um *Compêndio Histórico
do estado da Universidade de Coimbra no tempo da invasão dos*

---

1 Note-se que os jesuítas não foram os únicos banidos da educação nessa época;
conta Figueiredo (1782, p.373) que "Em 1771, o papa Clemente XIV extinguiu
doze conventos da congregação dos cônegos regulares de Santo Agostinho, des-
tinando alguns desses estabelecimentos, como Mafra, aos domínios de outras
ordens, incumbidas da fundação de colégios para a mocidade".

denominados jesuítas do Palácio Nossa Senhora da Ajuda. O opús-
culo dava notícia de aspectos do método de ensino dos jesuítas
durante o século XVIII nas faculdades de Teologia, Cânones, Leis e
Medicina da Universidade de Coimbra. Nesse compêndio, os cursos
foram apresentados conforme a sucessão das aulas durante a semana.

Prima, Terça e Véspera eram aulas permanentes que aconteciam,
respectivamente, nas segundas, terças e quartas-feiras. Essas eram
aulas muito importantes, a julgar pelo maior honorário pago aos
mestres. As quintas-feiras eram livres, como na França, e os domingos, reservados para o descanso e a missa. Um dia por semana era
reservado para que o aluno estudasse sozinho os temas nos quais
encontrasse dificuldades, na sexta-feira, quando se realizava a Noa.
Nas Catedrilhas, Institutas ou Avicena, que se seguiam irregular-
mente durante a semana, se fazia a revisão dos temas já estudados ou
a leitura dos textos das próximas aulas de Prima, Véspera ou Terça.
Como a atividade realizada na Noa e nas Catedrilhas era rememorar
os temas já discutidos, tratava-se, pois, de *passar a matéria,* e, por
essa lógica, o mestre dessas aulas ficou conhecido como *passante.*
O *passante* era, na maioria dos casos, um aluno que se destacava
dos demais por seu brilhantismo e eficiência, ou, ainda, um jovem
recém-formado com as mesmas qualidades.

Além do *passante*, havia o *lente*, um tipo de mestre responsável pela leitura dos livros mais importantes do curso. Essa leitura
era realizada, geralmente, nas aulas de Véspera, que antecediam a
explicação do mestre titular da cadeira, nas aulas de Prima e Terça.
Ler a matéria era importante porque não se tinham livros em grandes quantidades e era preciso conhecer o assunto ouvindo o que os
autores mais prestigiados pensavam dele. A relevância dos lentes
e passantes se situava no estabelecimento de um exercício contínuo de memorização da matéria, a intenção era que os estudantes
chegassem a decorar os textos de maior importância, o que, num
mundo de poucos impressos, era um distinto signo de inteligência.
Está-se a ver que é do exame exaustivo das mesmas matérias que se
sustentavam as certezas do conhecimento jesuíta. Em cada matéria o
estudo era guiado por uma obra de referência, geralmente em latim,

o que justificava a avaliação da língua no exame preparatório para o ingresso na universidade.[2]

Como todos os cursos exigiam a proficiência em latim, solicitava-se, no exame que dava acesso aos estudos maiores, a tradução de um pequeno texto. Se o estudante era jesuíta ou tivesse estudado em colégio jesuíta, esse exame era desnecessário. Isso porque o estudante do colégio jesuíta saía desse tipo de instituição mestre em Artes, título muito ambicionado na época e que, segundo o cônego Fernandes Pinheiro, correspondia ao grau de bacharel em Letras (Moraes, 1914, p.43) e dava livre acesso aos estudos maiores.

O problema, para a época, é que os jesuítas se orgulharam demais de seus conhecimentos e, nesse orgulho, tornaram-se vaidosos de seus saberes, presumindo serem os únicos a conhecerem os mecanismos e facetas do entendimento humano. Daí que suas disputas tornaram-se vãs, porque atentavam para detalhes muitas vezes irrelevantes. Assim seus representantes, agindo como escolhidos, restringiram o acesso da população ao saber. Esse tipo de avaliação era compartilhada, por exemplo, entre aqueles que escreveram o relatório de 1774, em nome da Junta da Providência Literária (1774), no qual se lê um severo diagnóstico sobre a educação na Universidade de Coimbra e seus orientadores, os jesuítas:

> E já enfim relaxando, e fazendo inúteis os Estudos; estragando os costumes dos estudantes com férias prolongadas; com apostilas cansadas, e importunas; com matrículas perfunctórias; com liberdades licenciosas no modo de viverem; com privilégios, e isenções prejudiciais; e com exames, e autos na maior parte de mera, e

---

2 No caso dos cursos de Leis e Cânones, em média, os cursos mais frequentados por brasileiros, a rotina do primeiro ano desses cursos era a seguinte: no curso de Cânones, por exemplo, as aulas de Prima, eram tomadas pelo estudo dos Decretaes, e ministradas por 300$000 réis mensais; as aulas de Véspera também incidiam sobre a mesma matéria, mas por 230$000 réis. Nas aulas de Terça, estudava-se o Decreto, pelo que o mestre recebia 140$000 réis mensais e, nas de Noa e Clementinas, o Sexto das Decretaes, por 100$000 e 80$000 réis por mês, respectivamente. Nas Catedrilhas, eram estudados os Decretaes pela manhã, à hora das Clementinas e após a Véspera, tudo por 60.000 réis mensais.

aparente formalidade; com a falta de exercícios literários nas aulas, que estimulassem; e desembaraçassem pela frequência os mesmos estudantes; e com tudo o mais, que a malícia podia excogitar para impedir o aproveitamento dos alunos. (Junta da Providência Literária, 1774, p.XI)

As causas desse comportamento, segundo o relatório em questão, remontavam aos períodos mais antigos da instrução jesuíta, em que diferentes tipos de privilégios eram concedidos a estudantes da companhia inaciana:

> Seja o terceiro exemplo o outro alvará, expedido em 2 de janeiro de 1560, para que os ditos regulares, sendo examinados no seu colégio de Coimbra, fossem admitidos a tomar Grau na Universidade grátis, sem obrigação de juramento; e para que não os querendo admitir, fossem havidos por graduados. E daqui ficou a desgraçada Universidade cheia de idiotas estranhos, e os filhos desanimados para os estudos, vendo que para ser doutor, bastava que vestisse uma roupeta da companhia. (ibidem, p.7)

O acesso facilitado de jesuítas na universidade fez que grande parte dos corpos docentes das escolas portuguesas fosse formada pela referida companhia. Segundo Abreu e Lima[3] (1841), esses estudantes

---

3 Filho natural do Padre José Inácio de Abreu e Lima, cursou a Academia Militar do Rio de Janeiro entre 1812 e1816. Preso em Recife e enviado para a Bahia, foi obrigado a presenciar o fuzilamento de seu pai, condenado como conspirador da revolução de 1817. Exilou-se nos Estados Unidos e, de lá, foi para a Venezuela, se alistando nas tropas de Simón Bolívar. Voltou ao Brasil em 1832, tendo passado um tempo na Europa antes disso, e foi reintegrado no Exército como general. Lançou *Compêndio de história do Brasil* em 1843 pelo qual foi acusado de plágio de Alphonse Beauchamp. Refutou a acusação por meio da *Resposta do General J. I. de Abreu e Lima* ao *Cônego Januário da Cunha Barbosa*, que lhe tinha feito a acusação em nome do IHGB. Participou ainda da Revolução Praieira e morreu em 1869, deixando as obras *Sinopse cronológica da história do Brasil* (1844), *História universal* (1847), *O socialismo* (1855), *As Bíblias falsificadas* (1867) e *O Deus dos judeus e o Deus dos cristãos* (1867).

jesuítas ocuparam também os espaços que poderiam ter sido usados para formar uma camada mais engenhosa na sociedade, capaz de competir com os ditos industriais, intelectuais ou estadistas da França e da Inglaterra que, voltando sua educação para o bem do Estado, em vez da Igreja, levavam prosperidade à economia e à política nacionais. Enfim, entre o final do século XVIII e o início do século XIX não eram poucos aqueles que acreditavam que os jesuítas haviam reduzido o ensino lusitano a uma homogeneidade danosa e medíocre:

> Por isto se vê clara e manifestamente que desde a época daqueles malvados estatutos e da reformação que os ampliou, não houve mais nem aquela universidade, nem neste reino conformidade alguma de razão comum, que dissimile as questões nos casos ocorrentes; mas que só houve muito pelo contrário sucessivas alterações gerais, e perpétuas discórdias: a saber. Na teoria: Vendo-se dentro de cada faculdade não se procurarem os lentes e Professores dela examinar quais eram as verdades teológicas, e jurídicas para as ensinarem, mas sim descobrirem sutilezas para sustentarem a força de sofismas as opiniões dos doutores, que davam títulos às suas respectivas cadeiras. E no Foro, a prática de animarem-se os litigantes, e os seus advogados a empreenderem e sustentarem pleitos os mais iníquos e mais escandalosos... (Junta da Providência Literária, 1774, p.93)

Não pense o leitor que com a transcrição de todas essas críticas fazemos nossas essas palavras! Ora, é preciso entender por que os jesuítas foram expulsos. Quando os jesuítas foram expulsos da França havia 500 colégios da Companhia na Europa, reunindo cerca de 150 mil alunos. Nas colônias espanholas da América eram 78 colégios (Peru, 15; Chile, 10; Nova Granada, 9; México, 23; Paraguai, 10; Equador, 11). Em Portugal, 24 colégios, e na América Portuguesa, 13 residências jesuítas, das quais 9 eram colégios, além do seminário em Belém e do noviciado na Bahia (Moraes, 1914, p.57). Segundo Moares,

> Contava a província do Brasil, no momento da expulsão, 445 religiosos, dos quais 228 padres; a vice-província do Maranhão,

145 membros, dos quais 88 padres. Total: 510 jesuítas dos quais 360 padres. Descontados dentre eles os que se dedicavam especialmente à catequese dos silvícolas, teremos ainda assim um contingente não irrelevante de obreiros da instrução. De fato, das 113 residências, pelas quais estavam repartidos, 9 eram colégios, havendo a mais um seminário em Belém e um noviciado na Bahia. (ibidem, p.60)

Embora a expulsão dos jesuítas seja extremamente citada nos livros de História, poucos foram aqueles autores que se preocuparam em apresentar dados sobre a maneira como ela ocorreu. Em Fernandes (1936), encontramos, todavia, algumas informações. Conforme o autor, no Rio de Janeiro, durante a madrugada de 3 de novembro de 1759, o Colégio dos Jesuítas foi cercado por 200 soldados. Agostinho Félix Capelo, ouvidor geral, e José da Silva Fonseca, coronel, apresentaram ao padre Manuel Ferraz, reitor do colégio, o decreto régio de sua expulsão. Os soldados, então, entraram no colégio e para apreender as riquezas jesuítas, que não passavam de 40 escudos romanos. Ordenava-se que todos os jesuítas do território brasileiro fossem aprisionados nos fortes do Rio de Janeiro, para, então serem enviados a Roma, para que recebessem seu breve de secularização. Contudo, dada a comoção popular em favor dos inacianos, Gomes Freire determinou que os religiosos fossem reunidos nas dependências do Paço "duas vezes ao dia ao toque da sineta e, feita a chamada individual, se dirigisse o Comandante com o escrivão aos quartos dos doentes afim de averiguar se algum tinha fugido" (apud Fernandes, 1936, p.75). Passados alguns meses, todos aqueles jesuítas que ainda não haviam renunciado à sua vocação foram confinados num navio até 11 de março de 1760, quando seriam enviados a Roma. Apenas dois dos 19 ali confinados abandonaram a Companhia e os demais foram enviados a Roma em navios de carga. Os que ficaram, dada sua esmerada educação, geralmente se dedicaram à carreira da docência ou passaram para outras ordens.[4]

---

4 Ligia Bahia Mendonça (2010) tratou especificamente do que ocorreu aos jesuítas nesta ocasião.

34 MARIA RENATA DA CRUZ DURAN

Na França, a ausência dos jesuítas provocou uma série de debates e propostas relativas à construção de uma educação útil para os franceses. La Chatolais, por exemplo, apresentou em 1763 o *Ensaio sobre a educação nacional* ao parlamento de Rennes. Nesse ensaio eram enumeradas críticas ao ensino jesuíta que deveriam ser absorvidas na elaboração de um plano prático para o ensino, depois redigido por Guyton de Morveau e Rolland. Helvetius, por sua vez, publicou em 1772, o estudo *Do homem e das suas faculdades intelectuais*, onde a educação foi, pela primeira vez, investida da onipotência que se afirmaria ao longo do século XIX. Ao mesmo tempo, Diderot, em sua análise do ensino humanista, exaltou as ciências que, para ele, deveriam ser o único objeto da instrução (cf. Brandão, 1972).

Nessa época, a escola não era o carro-chefe da instrução, campo considerado supérfluo para aqueles que não possuíam influência direta nos assuntos do Estado, das artes ou do comércio. Para Teófilo Braga, portanto, uma das principais mudanças na relevância da educação foi aquela promovida pela industrialização da tipografia, isso porque com o incremento da indústria tipográfica aumentava-se o número de livros no mercado, impulsionava-se a expressão de ideias por meio dessa ferramenta e valorizava-se o exercício da leitura, o que impulsionou o incremento daquelas instituições dedicadas ao letramento. Segundo Braga (1892, p.33-4):

Uma das principais revoluções do ensino europeu surgiu do acidente de uma descoberta industrial, a tipografia. Antes da vulgarização dos livros, o ensino oral supria a deficiência de um texto, e a palavra do mestre adquiria uma autoridade moral enorme de que a Igreja se aproveitou para a prédica e para a universalidade da disciplina religiosa. Com a abundância dos livros, deu-se o fato contrário; generalizaram-se os textos dogmáticos em compêndios, e os mestres diante da redação categórica e lacônica das obras elementares tornaram-se mudos, sem ação moral sobre a inteligência do aluno, impondo-se apenas pela severidade disciplinar, e exigindo violentamente da faculdade passiva da memória. O ensino na época das Colegiadas era na maior parte oral; na época da criação das Universidades [sic], as apostilas e os escólios são a colaboração escrita do aluno que colige todos os elementos doutrinários da palavra do mestre.

Para Teófilo Braga, em países como a Franca, a partir dessa "feliz descoberta" que foi a tipografia, o arbítrio da fala, regulamentado pelas normas da arte retórica, foi pouco a pouco substituído pela escrita e seus princípios científicos, e, como havia o que ler, a leitura se tornou necessária, fomentando-se sistemas de ensino voltados para a utilidade dos conhecimentos no progresso da nação e pautados pela agilidade desse processo propiciada pela leitura. Ademais, diante de um contingente populacional que parecia maior e mais participativo, a uniformização do modo de apresentar o pensamento, possível por meio da escrita, foi essencial para o fomento de ideias como a de democracia – tarefa na qual a disciplina retórica lhes pareceu muito útil.

Enquanto no mundo da escrita eram forjados valores de mudança e de razão, no mundo da fala, a tradição da hierarquia e da emoção prevalecia. Ora, se a memória era um privilégio de poucos, a conservação dos costumes também haveria de ser valorizada. Deixava-se, pois, com a fala, aquela educação em que se destacavam os caprichos dos mestres e criava-se uma educação guiada pela equidade dos livros tais como: *O entendimento humano*, de Locke; o *Ensaio sobre a origem dos conhecimentos humanos* e o *Tratado das sensações*, de Condillac; a *Teoria dos sentimentos morais*, de Adam Smith; o *Tratado sobre a natureza humana* e *Ensaios sobre o entendimento humano*, de Hume; e, finalmente, a *Crítica da razão pura*, de Kant. Para Braga (1892, p.42, t.III), "Eis aqui os maiores e mais célebres trabalhos desta filosofia toda de observação e análise [...] e essas doutrinas, que revolucionariam a psicologia, foram aplicadas às questões morais, à política e à pedagogia". A aplicação desse tipo de doutrina no campo embrionário da pedagogia foi importante para efetivar a democracia da massa,[5] uma das prerrogativas da revolução possível apenas

---

5 Se não uma tirania da maioria, como sugere Richard Sennett em *O declínio do homem público*.

pelo desenvolvimento de formas de ensinar os ideais da revolução em larga escala. Entre as garantias da instrução dos novos tempos figurava um objetivo geral, qual seja, o de:

> Facultar a todos os indivíduos da espécie humana os meios de proverem as suas necessidades, de conseguirem o seu bem-estar; assegurar a cada um este bem-estar, torná-lo cônscio defensor dos seus direitos e esclarecido cumpridor dos seus deveres; garantir--lhe a facilidade de aperfeiçoar a indústria, de se habilitar para o desempenho de funções sociais a que tem o direito de ser chamado, de desenvolver completamente os talentos que recebeu da Natureza; estabelecer entre os cidadãos uma igualdade de fato e realizar a igualdade política reconhecida pela lei – tal deve ser o primeiro objetivo de uma instrução nacional e, sob este aspecto, ela é para os poderes políticos um dever de justiça (Condorcet, "Instrução pública e organização do ensino", apud Boto, 1996, p.119)

Para que não se pense que essas ideias estiveram confinadas ao Norte do hemisfério terrestre, é importante que desde já sejam apresentadas algumas de suas manifestações em terras tupiniquins:

> A grande potência da instrução nacional não está nas ideias, está toda no motivo que nos faz pensar e este motivo é sempre um sentimento. Um sentimento habitual do povo e é o de suas necessidades. O homem do povo, sempre ocupado dos meios de ganhar a sua vida terá um interesse inextinguível para tudo que pode melhorar a sua condição. Toda a instrução, que tocar este sentimento, será a melhor. (Bonstettin, in *O spectador brasileiro*, 1824, n.LX, p.4)

Tendo por horizonte a igualdade nas condições de desenvolvimento pleno dos seres humanos, a instrução pública e laica proposta em Paris dependia da derrocada de signos de prestígio nobiliárquico existentes também no universo escolar. A ascensão dos vernáculos, estudada por Peter Burke em *Linguagens e comunidades nos primórdios da Europa Moderna*, teve lugar nesse quadro em que o latim figurava como barreira para a instrução popular e para a fusão de todos os franceses num único espírito, se não numa única maneira de ser e pensar. Entre outros motivos, essa foi uma das razões para que "Henri Grégoire, um padre e deputado da Assembleia Nacional, [defendesse] o ensino do francês por toda a França para 'fundir todos os cidadãos numa massa nacional' (*foundre tous les citoyens dans une masse nationale*) (Certeau; Revel; Julia, 1975)" (Burke, 2010, p.26).

O entusiasmo provocado pelas ideias francesas foi compartilhado por boa parte dos coetâneos, fossem eles italianos, alemães ou portugueses, que desde a segunda metade do século XVIII já procuravam substituir o tradicional ensino religioso por algum tipo de instrução pública. Em Portugal, o ano de 1759 foi marcado por uma grande reforma no campo da educação. Essa reforma sucedia à expulsão dos jesuítas do reino e corroborava a divisão da instrução em duas áreas, os estudos maiores e os estudos menores. No campo dos estudos maiores, reformou-se a Universidade de Coimbra e extinguiram-se as demais universidades do reino. No campo dos estudos menores, foram instituídas as Aulas Régias, que incluíam aulas de primeiras letras, Matemática, Grego, Latim, Retórica etc. A partir de então, o ingresso na universidade ficou subordinado a um exame de Retórica, no lugar do de Latim,[6] disciplina que, dada a tendência humanista

---

6 Até a primeira metade do século XVIII era solicitada a tradução de um pequeno texto do latim para a língua vernácula no exame que dava acesso aos estudos maiores. Se o estudante fosse jesuíta ou tivesse estudado num colégio jesuíta, o exame de latim era desnecessário, pois o estudante recebia da instituição a graduação de mestre em Artes, que correspondia ao grau de bacharel em Letras (Moraes, 1914, p.43), garantindo livre acesso aos estudos maiores. Como o ensino implementado pela Companhia foi disseminado por toda a Europa Ocidental durante mais de três séculos, prodigalizou-se o ensino do latim a ponto de essa língua se tornar um tipo de código universal para a cultura letrada. De tais prerrogativas infere-se que o perfil do intelectual incluía tanto um afastamento em relação aos não iniciados, que sequer entendiam sua língua, como um universalismo do saber, dado que, uma vez iniciado, poder-se-ia transitar por todo o mundo das letras e dos letrados. Não obstante, a permanência dessa restrição gerou limites para o mundo dos letrados que, limitados pela língua, não viam relação entre o que se fazia na academia e o que acontecia fora dela (Pevsner, 2009).

dos novos planos de ensino, seria alçada a um posto central na educação da época. Fruto de uma nova tendência na instrução pública, a reforma pombalina da educação gerou uma nova demanda por parte de estudantes e professores pela Retórica, que, por sua vez, influiu na difusão do estudo da língua portuguesa e na invenção de um novo padrão de discurso nos territórios lusófonos.

Segundo Maria Tereza Rolo Fachada, em sua tese de doutoramento, até que a administração pública criasse uma noção própria de instrução e mecanismos burocráticos capazes de gerenciá-la, o que se pode notar na instrução pública lusófona é um grande deserto, salpicado de alguns oásis que, não raramente, se ancoraram nas experiências religiosas para criação de seus dispositivos gerenciais e didáticos – se assim o leitor nos permite chamá-los.

Justiça seja feita, essa fase de invenções e adaptações não foi exclusividade dos portugueses, bem como os novos pensadores da educação não grassaram somente em solo francês. Em terras lusitanas, todavia, a expulsão dos jesuítas do reino fez necessária a remodelação da educação lusitana. Essa remodelação teve como guia a obra de Luís Antônio Verney,[7] *O verdadeiro método de estudar* (Verney, 1952), escrito na forma de cartas e originalmente publicado em 1746, e, como executor um conjunto de decretos e alvarás, cujos carros-chefe foram o *Alvará de regulamento para os estudos menores das línguas latina, grega e hebraica e da arte da retórica*; as *Instruções para os professores de gramática latina, grega e hebraica* e o *Decreto de 28 de junho de 1759*, todos publicados em Lisboa.

Em sua obra, Verney criticava os métodos jesuítas, salientando que, com eles, a instrução era restrita a um grupo limitado de pessoas, e ainda, que esse grupo não direcionava seus estudos para o

---

7 Luís Antônio Verney nasceu em 1713 e morreu em 1792. Estudou no Colégio de Santo Antão e na Congregação do Oratório até se formar em Teologia na Universidade de Évora. Em Roma, alcança o doutoramento em Teologia e Jurisprudência. Em 1746, publicou *O Verdadeiro Método de Estudar* e, em seguida, a pedido do rei D. João V, Verney inicia o processo de reforma pedagógica de Portugal, depois continuado por D. José I e pelo Marquês de Pombal, com quem se desentendeu, e muda-se para Roma.

RETÓRICA À MODA BRASILEIRA   **39**

bem coletivo, e sim para o favorecimento pessoal. Além disso, Verney destacava que a instrução oferecida pelos padres da Companhia de Jesus não atendia às necessidades cotidianas da população porque não ensinava o uso da língua pátria. Nesse sentido, a Retórica popularizaria o ensino de uma lógica que permitiria a expressão de opiniões na língua portuguesa e transportaria as prerrogativas do saber e do estudo para o cotidiano das pessoas, modificando o estatuto do saber e colocando num mesmo patamar – ainda que gradativamente – aqueles que ensinavam e aqueles que aprendiam.

Segundo Verney (1952), o conhecimento da Retórica contribuía para que o aluno soubesse organizar e transmitir melhor suas ideias a um número maior de pessoas. O ensino deixava, pois, de ter o latim como língua oficial e como disciplina articuladora do ensino da época. Com a ascensão vernacular, a Retórica foi alçada ao posto de disciplina central na instrução. Ainda assim, o conteúdo formal permaneceu o mesmo; na disciplina de Retórica, procurou-se ensinar a lógica da expressão e o processo de assimilação do conhecimento tal como se fazia quando o tema de estudos era o latim. Contudo, essa educação era ministrada a um público cada vez maior e menos especializado – mas, pontue-se, se antes os professores costumavam se ocupar de dois a cinco alunos, passaram a lecionar para grupos de cinco a vinte alunos, conforme podemos notar nas mais de 50 listas de discentes que encontramos na pasta "Instrução Pública" do Arquivo Nacional/RJ.

Nesse sistema, a língua pátria despontou com nova importância. Moldar a fala em português era, a partir de 1759, essencial, e os ensinamentos da Retórica vinham no bojo dessas mudanças, logo após o estudo das primeiras letras e do latim, conforme uma sugestão de Verney (1952, p.60):

. Da Latinidade deve passar o estudante para a Retórica, o que se deve fazer no quarto ano, no qual se pode aperfeiçoar na composição e inteligência da Latinidade. Se o moço tiver estudado como dizemos, pode, nos três anos ditos, ter mais notícia de Latim do que muitos que se ocuparam nele anos bastantes; e pode, por si só, entender os outros livros com socorro do seu dicionário. Mas por isso aconselho que vá à Retórica, para que saiba, não só o que é falar com palavras próprias, mas também falar elegantemente. A Retórica já se sabe que deve ser em Português; e o estudante há-de primeiro compor em português, e depois em Latim, como em seu lugar disse.

Recurso de elegância e requisito para a composição em latim, a Retórica servia, sobretudo, para que o discípulo aprendesse a *falar com palavras próprias*. Isso significava, por um lado, um distanciamento da prescrição jesuítica de memorizar e decorar as ditas obras clássicas, e, por outro, uma aproximação da incipiente noção de *opinião*. Uma vez que o conhecimento retórico era estendido para os estudantes em geral, e não mais restrito aos escolhidos do ensino jesuíta, tratava-se de ensinar à população letrada um modo pelo qual *suas próprias palavras* seriam entendidas num âmbito coletivo. O caso era aceitar e afirmar noções de individualidade e de coletividade num mundo até então regrado por divisões extremamente rígidas. Resumindo, a Retórica traria *movimento* à instrução e, por conseguinte, à sociedade lusitana do final do século XVIII.

Segundo Verney (1952, p.115), no antigo sistema, os mestres "*falavam* como se fosse por sentenças; mas não sei se o que dizem merece este nome. Porque a sentença deve em poucas palavras dizer muito, e dizê-lo com modo singular o que raras vezes se acha neles". Para o autor, o parlatório desses mestres denunciava, por um lado, a autoridade de que estavam investidos, e, por outro, a ausência de um contraponto a tais atitudes. Dessa relação afirmou-se uma postura muito comum aos mestres jesuítas: a de detentores da verdade. É justamente essa característica que será mais duramente criticada por Verney (1952, p.121): "E que chama a isto senão dizer mentiras? Servir-se de palavras que não significam nada, impróprias ao argumento, só para mostrar que têm engenho". Conforme Verney, a reorganização do sistema de ensino lusitano iria deflagrar uma nova relação da língua portuguesa com o conhecimento, isso porque dessacralizava o ensino e convertia o temido mestre, dono da razão e da palmatória, num ente mais próximo de seu subalterno direto, o discípulo. Para o autor de *O verdadeiro método de estudar*, apenas quando o aluno sentisse satisfação com seu aprendizado é que o ensino poderia ser considerado bem-sucedido. Para os docentes, isso significou a ampliação de sua atuação, não mais limitada à crítica ou avaliação final dos trabalhos dos discentes, mas ao acompanhamento constante do discípulo. O poder desse mestre também diminuiu, estava aberto um precedente: o de que, como ser humano, o mestre era falível e, portanto, passível de críticas.

De acordo com Verney, a revisão da relação mestre-discípulo dependia de uma revisão da relação mestre-literatura; afinal, como não havia livros que sustentassem uma flexibilidade do saber, a palavra do mestre era considerada incontestável. Para ensinar Retórica, por exemplo, usava-se, na época, o compêndio *La Rhetórique ou L'Art de Parler*, do padre Bernardo Lamy, e não havia, segundo Verney, uma única Retórica portuguesa impressa, a não ser o compêndio de aulas dadas, entre 1718 e 1721, por Francisco Leitão Ferreira, intitulado *Nova arte de conceitos*, e o *Sistema retórico, causas da eloquência, ditadas e dedicadas à Academia dos Anônimos de Lisboa por um anônimo seu Acadêmico*, de 1719. Além desses poucos títulos, os mestres costumavam ditar um resumo da matéria aos discípulos em sala de aula. Uma vez transmitidos em sala de aula, segundo Verney, esses resumos proliferavam em novas cópias que disseminavam equívocos dos mais variados tipos, desde a grafia de nomes até o sentido das frases.

Por essa razão, Verney preparou um plano de estudos para a instrução moderna que deveria ser seguido até que um compêndio satisfatório fosse escrito. No sistema criado por Verney, as matérias História, Geografia e Gramática deveriam ser acompanhadas da Retórica, depois disso, Grego e mais História deveriam ser as matérias dos anos subsequentes. Somente após o estudo dessas matérias e, sobretudo, da Retórica é que o discente estaria apto ao estudo da filosofia, se não da moral. Antes disso, a Retórica alinhavava esses saberes, disponibilizando diversos tipos de discurso com os quais se poderiam expressar opiniões acerca das matérias estudadas.

[O mestre de Retórica] Logo mandará compor alguma coisa em Português, começando por assuntos breves nos três gêneros de Eloquência. Começará, primeiro, pelas cartas portuguesas, dando somente aos rapazes o argumento delas, e emendando-lhe ao depois os defeitos que pode fazer contra a sua própria língua e contra a Gramática. E por esta razão é supérfluo neste ano ler mais autores portugueses, porque esta composição é o melhor estudo que se pode fazer da língua portuguesa. Depois, passará ao estilo histórico, e tirará algum argumento da mesma História que se explica pela manhã, para que os estudantes a dilatem, escrevendo o dito caso mui circunstanciado, e variando isto segundo o arbítrio do Mestre, ou também a descrição de um lugar e de uma pessoa, ou coisa semelhante. Em terceiro, lugar, segue-se dar-lhe algum argumento declamatório, mas breve. Para facilitar isto, o melhor meio é este: Quando o mestre propõe algum argumento que se deve provar, perguntará ao rapaz que razões ele dá sobre aquele ponto. Ouça as que ele dá, e ajude-o a produzi-las, pois desta sorte acostuma-se a responder de repente e escrever com facilidade. (Verney, 1952, p.63)

Para Verney, o exercício repetido da comunicação era propício para incrementar a agilidade e autonomia do pensamento do discípulo. Esse, agora, não era mais um escolhido entre os iniciados e sua fala não se destinava somente aos grandes, nem deveria seguir os padrões de um único modelo; por isso, estudariam os discursos deliberativo, demonstrativo e judicial, e

[...] quando o estudante tiver bastante notícia dos três gêneros de Eloquência, em tal caso pode empregar-se em compor Latim, e isto pelo mesmo método que o fez em Vulgar. Nesta composição latina, não terá dificuldade alguma, visto ter vencido todas na composição portuguesa; somente lhe faltarão as palavras latinas e frases particulares da língua, ao que deve acudir e suprir o Mestre, emendando-as ou sugerindo-as. Encomende também aos rapazes que leiam muito as orações de Cícero; não digo as Verrinas, que são enfadonhas e só se podem ler salteadas, mas as outras mais fáceis e breves, dos quais com facilidade se passa para os outros. E esta classe é necessário que freqüentem todos os que estudam Latinidade; porque, sem ela, nenhum pode entender e escrever bem Latim; e com ela pode saber muita coisa útil para todos os exercícios da vida, e, principalmente, para toda a sorte de estudos. (ibidem, p.63)

A importância da Retórica estendia-se para toda a sorte de estudos, inclusive para a vida, porque pensar e se expressar garantiam a comunicação necessária para o entendimento entre os homens, uma das principais prerrogativas da felicidade, tema que começava a se aproximar da educação, como se depreende da opinião do padre Amaro (apud Americus, 1825, p.204) sobre o assunto:

> O fim principal da educação é fazer de um indivíduo o instrumento da sua própria felicidade, e daqueles que vivem na mesma comunhão civil – o grande embaraço porém sobre esta matéria consiste em que não havendo ideias exatas sobre qual seja verdadeiramente a felicidade temporal do homem, é forçoso que se empreguem diversos meios para obter um fim, que não é para todos uniforme.

À medida que a educação da população foi vinculada à Retórica em Portugal, esta se tornou um dos mecanismos pelos quais a felicidade poderia ser alcançada.[8] A revisão de Verney teve um papel muito importante na realização desse tipo de projeto educacional, primeiro porque materializava, em Portugal, algumas das propostas mais contemporâneas acerca da educação. Ora, é sabido que Verney passara vários anos na Itália e que pertencia à ordem dos oratorianos, o que significava uma mudança dupla no ensino vigente em Portugal. Depois, porque propunha uma reestruturação das hierarquias

---

8 Quando a educação passou a ser relacionada com a felicidade e esta, sobretudo no século XIX, começou a ser entendida como uma das principais finalidades da vida humana na Terra, seu papel tornou-se primordial na sociedade ocidental, o que pode ser mais bem observado na obra de Richard Sennett (1988), intitulada *O declínio do homem público*.

no mundo da instrução lusitana, onde o mérito dos envolvidos seria transferido do prestígio para o empenho, da teoria para a prática, do latim para o português, da elevação do espírito para o progresso da matéria, da erudição para a opinião, do sofrimento para a felicidade.

Essa transferência, tal como a criação das cadeiras de Retórica para os estudos menores, deveria acontecer de maneira gradual, primeiro na metrópole e depois nas "conquistas". Enquanto a disciplina era instaurada, novas leis eram promulgadas para melhor regulamentar a reforma. Nesse sentido, o *Alvará de regulamento para os estudos menores das línguas latinas, grega e hebraica e da arte da retórica* foi uma das primeiras tentativas para incutir novo sentido à educação lusitana. Antes de nos determos nele, procuremos refletir sobre o modo como se faziam as leis.

Um tal tema circulava na sociedade, fosse ele de interesse de uma minoria ou da maioria, suscitava-se a possibilidade de redigir alguma regulamentação sobre a matéria a fim de dirimir possíveis dúvidas ou desentendimentos, ou seja, ele era suficientemente importante para merecer a atenção da administração pública. Os grandes chefes da área discutiam os aspectos considerados mais importantes, algum funcionário era responsabilizado por redigir uma minuta da proposta, e a outro, este mais afeito às leis, era facultado refletir sobre a natureza jurídica da matéria. Quando o primeiro apresentava o esboço do tema para o segundo, ambos discutiam sobre seu enquadramento como alvará, decreto ou lei. Essa decisão era importante, pois definiria o *status* da matéria na sociedade. Todavia, ela ainda se encontrava apenas no âmbito da recomendação. Os grandes da área, por sua vez, deveriam discutir sobre os pontos apresentados no documento, propor mudanças e reformulações. Uma, duas, três, enfim, vários encontros eram necessários até que o documento apresentasse a forma ideal para um maior número de governantes e interessados e, malgrado as decisões políticas parecessem sempre distantes de uma amplitude popular desejada, de alguma maneira, elas expressavam algum tipo de debate entre instâncias decisórias e operacionais em que tanto umas quanto as outras influenciavam diretamente no processo, ainda que os atores de ambas as instâncias

RETÓRICA À MODA BRASILEIRA   45

ocupassem um lugar privilegiado no que diz respeito à tomada de decisões pelo Estado (Torres, 1988). Em suma, um alvará, como esse que passaremos a analisar, é um documento de autoria coletiva que conta com as mais variadas visões de um mesmo tema e daí sua relevância como fonte historiográfica.

Publicado em Lisboa, no ano de 1759, pela Tipografia de Rodrigues Galhardo, o *Alvará de regulamento para os estudos menores das línguas latinas, grega e hebraica e da arte da retórica* guardava o objetivo, conforme suas próprias linhas, de sanar as discórdias provenientes da diversidade de opiniões entre os mestres e estabelecer a uniformidade da doutrina, promotora de uma "perfeita paz", capaz de contribuir para o "progresso dos discípulos". Essas discórdias, que "distraíam os mestres de suas verdadeiras obrigações", produziam, conforme o alvará, o "espírito de orgulho" na mocidade de então. Assim, aqueles que deixassem de cumprir as obrigações ali estabelecidas seriam advertidos e, caso persistissem no descumprimento dessas orientações, seriam privados de seu emprego.

No que diz respeito à Retórica, não se pode afirmar que havia tantas divergências, já que "o estudo da Retórica, sendo tão necessário em todas as ciências, se acha hoje quase esquecido por falta de professores públicos, que ensinem esta arte segundo as verdadeiras regras" (Portugal, 1759, p.8). Dada essa escassez, foi estabelecido que seriam quatro os professores públicos de Retórica em Lisboa, dois em Coimbra, dois em Évora e dois no Porto, além de professores de Gramática Latina e Grega. Também deveria ser criada uma cadeira de Retórica em cada uma das cidades consideradas "cabeças de comarca", pois, "sem o estudo da retórica se não podem habilitar os que entrarem nas Universidades para nelas fazerem progresso" (ibidem).

Para as classes de Retórica, inicialmente, foram nomeados José Caetano de Mesquita e Pedro José da Fonseca, um dos mais importantes mestres da época,[9] com o ordenado de 350$000 réis

---

9 "Pedro José da Fonseca notabilizou-se como professor de Retórica e Poética na Corte de D. José I, tendo sido nomeado para desempenhar tais funções em

46   MARIA RENATA DA CRUZ DURAN

cada, e mais 100$00 réis para os gastos com casas e demais materiais necessários aos cursos. Esses professores e mais um religioso congregado, indicado oportunamente, foram os primeiros examinadores daqueles que concorreram ao provimento da licença para instruir. Em resolução de 29 de agosto de 1759 foi aprovado "que presidisse o comissário dos estudos de Coimbra aos exames dos estudantes que hão de entrar na Universidade, sendo examinadores dois professores régios, vencendo cada um destes o ordenado de 240$000 réis" (Ribeiro, 1871, p.210).

O alvará projetou a importância institucional da Retórica no plano do conhecimento, como já foi dito. Contudo, nas *Instruções para os professores de gramática latina, grega, hebraica e de retórica, no campo dos estudos menores, ordenados e mandados publicar pelo Rei para uso das escolas novamente fundadas neste reino e em seus domínios*, de 28 de junho de 1759, essa importância seria especificada.

1759. Foi transferido algum tempo depois para o exercício da mesma cadeira no Colégio dos Nobres, onde serviu até 1804. Como sócio fundador da Academia Real das Ciências de Lisboa, confirmada por aviso régio de 24 de Dezembro de 1779, assistiu, já na qualidade de efetivo da classe de Literatura, à primeira sessão que a Academia teve, em 16 de Janeiro de 1780. Foi eleito Diretor da tipografia da mesma Academia, e também Diretor da comissão encarregada, em 28 de Junho de 1780, da composição do *Diccionario da língua portugueza*. Passou a sócio veterano em 27 de Março de 1790. Os únicos dados biográficos que até agora existem impressos acerca deste ilustre professor e filólogo constam de um folheto que pouco tempo depois da sua morte se publicou, intitulado: *Agradecimento de um homem á memória de outro homem virtuoso, sabio e philosopho*. Foi escrito por Francisco Coelho de Figueiredo, que, além de haver sido, em 1751, condiscípulo de Fonseca na aula de Retórica do Colégio de Santo Antão, lhe ficara a dever o favor de encarregar-se da revisão e correção tipográfica dos volumes do *Theatro* de Manuel de Figueiredo, que ele, Francisco Coelho, começara a compor em 1804, e que Fonseca reviu do tomo IV em diante até quase todo o XIV. [...] Mal remunerado de duas ocupações literárias, passou Pedro da Fonseca a última quadra da vida em estado que muito se aproximava de verdadeira miséria. Alguns dos seus consócios da Academia prestaram-lhe auxílio, fazendo que a expensas do cofre do estabelecimento se lhe comprassem, em 1813, os seus manuscritos, originais e traduções" (Oliveira, E. M. da R. Disponível em: <http://www2.dlc.ua.pt/classicos/fonseca.pdf>, acessado em: 8 nov. 2008).

RETÓRICA À MODA BRASILEIRA   47

Notadamente, o começo dessas instruções reflete certos temores da época, pois, com a secularização do ensino, acreditava-se que termos como o respeito e a moralidade perderiam o sentido hierárquico e ordeiro que possuíam até então, de modo que uma das primeiras prescrições das referidas instruções era a seguinte:

Terão os professores também o cuidado de inspirar aos discípulos um grande respeito dos legítimos superiores, tanto eclesiásticos, como seculares: dando-lhes suavemente a beber, desde que neles principiar a raiar a luz da razão, as saudáveis máximas do Direito Divino, e do Direito Natural, que estabelecem a união cristã e a sociedade civil; e as indispensáveis obrigações do homem cristão, e do vassalo, e cidadão, para cumprir com elas na presença de Deus e do seu Rei, e em benefício comum da sua pátria: aproveitando-se para este fim dos exemplos que forem encontrando nos livros do seu uso, para que desde a idade mais tenra vão tendo em conhecimento das suas verdadeiras obrigações. (Portugal, 1759, p.1)

No que diz respeito à Retórica, ressaltava-se nas *Instruções* a suma importância da disciplina:

Não há estudo mais útil que o da retórica e eloquência, muito diferente do estudo da gramática. Porque esta só ensina a falar e a ler corretamente, e com acerto, e a doutrina dos termos e das frases. A retórica porém ensina a falar bem supondo já a ciência das palavras, dos termos e das frases: Ordena os pensamentos, a sua distribuição e ornato. E com isto ensina todos os meios, e artifícios para persuadir os ânimos e atrair as vontades. É pois a Retórica a arte mais necessária ao comércio dos homens e não só no Púlpito ou na advocacia, como vulgarmente se imagina. Nos discursos familiares, nos negócios públicos, nas disputas, em toda a ocasião, em que se trata com os homens, é preciso conciliar-lhes a vontade, e fazer não só que entendam o que se lhes diz, mas que se persuadam do que se lhes diz, e o provem. Por conseqüência, é precisa esta arte, que o mal método dos estudos de Letras humanas tinha seduzido

48   MARIA RENATA DA CRUZ DURAN

nestes reinos à inteligência material dos Tropos, e figuras, que são ou a sua mínima parte, ou a que merece bem pouca consideração. (ibidem, p.13)

De acordo com os autores do decreto, ter ideias corretas era considerado necessário em todos os âmbitos da sociedade porque a clareza nas ideias facilitava o funcionamento da sociedade. Entendia-se que a dificuldade encontrada pelos povos de Portugal e "conquistas" para prosperar tinha como raiz a falta de um entendimento e de uma submissão coletiva às normas que regiam aquela sociedade. Logo, acreditava-se que, se o estabelecimento e o esclarecimento dessas regras fossem continuamente afirmados, seria mais fácil prosperar. Por essa razão, depositaram-se as fichas na Retórica em busca desse objetivo.

No modo como a Retórica foi reinserida na instrução lusitana podem-se notar ambições tais como o alargamento de seu uso cotidiano na comunicação popular, servindo, portanto, como instrumento de divulgação do conhecimento mais simples, o raciocínio, e da atitude mais recomendável, respeito e atenção à disciplina. A Retórica tanto prestava-se como um tipo de saber pelo qual outros conhecimentos deveriam ser difundidos e também avaliados quanto como um conjunto de normas pelo qual o sujeito aprendia a se comportar, a começar pelo professor, que, após o ensino das primeiras regras da Retórica, deveria:

Sem deixar a Explicação, passar [...] às composições. Começará por narrações breves e claras, tanto em vulgar, como em latim. Depois mandará fazer elogios dos homens grandes, dando boas e úteis advertências sobre os panegíricos: discursos em o gênero deliberativo, e ultimamente no governo judicial. Em todos esses casos será útil que tire os assuntos dos melhores escritores latinos, principalmente de Cícero, modelo excelente em todo o gênero de escritura. E depois fará comparar aos discípulos as suas composições com as dos autores, donde foram tiradas; e notar o em que se apartaram, ou errando, ou excedendo-os. (ibidem, p.16)

Por essa prática, o discípulo aprenderia a criticar a maneira como se expressava. O ensino proposto fomentava um certo individualismo e se vinculava à produção própria e à autocrítica, mensuradas por um tipo de exercício praticado desde a época dos jesuítas:

Dará assuntos, para sobre eles discorrerem os discípulos na classe, fazendo que contendam entre si. Defendendo um uma parte e outro a contrária. Sejam porém os assuntos úteis, e agradáveis aos discípulos, que sobre eles devem discorrer. E seja sempre esta oposição o meio para domar por um hábito virtuoso o orgulho, não para excretá-lo. Advertindo sempre o professor, que nas contendas do entendimento é a cortesia e a civilidade com o contendor, o primeiro princípio do homem cristão, e bem criado. (ibidem, p.16)

Ao advertir que os assuntos escolhidos para a contenda deveriam ser úteis e agradáveis aos discípulos, asseverava-se que, embora consistindo em um método semelhante ao utilizado pelos jesuítas, não se pretendia que fosse conduzido no mesmo sentido que os inacianos. Uma vez improdutiva, a disputa era também inútil, e quando inútil, ela deveria ser considerada desagradável. Para mais, se as partes não chegassem a um consenso, não haveria ganho para nenhuma delas. Assim, a equação retórica deveria sempre somar comentários ou multiplicar adeptos, nunca dividir opiniões ou subtrair conjuntos; seu resultado dependia justamente da moção do maior número de partidários, pois se acreditava que quanto mais pessoas se mobilizassem em prol de um objetivo comum, maior seria a probabilidade de esse objetivo ser bom e ser alcançado. Com a Retórica, a maioria ganhou força nos assuntos públicos, e suas escolhas, ainda que motivadas pelo arrebatamento das paixões, foram cada vez mais respeitadas no âmbito político, por exemplo.

Tratava-se, ainda, de ensinar a população a perfilhar os antagonismos de cada discurso para poder decidir qual partido tomar e, nesse sentido, a retórica da época foi esculpida, expressão que tomamos emprestada de Roberto Brandão de Oliveira, por essa lógica binária em que o reconhecimento da razão do outro significava

50   MARIA RENATA DA CRUZ DURAN

a desistência da luta, a consciência da perda, no que se forjou um outro costume: jamais os opositores de uma disputa concordavam com o argumento de seu debatedor, pois isto significaria abrir mão da vitória em favor do oponente (Schopenhauer, 1997).

Se o guia da Retórica era a utilidade, seu apelo era a emoção. Outrossim, segundo as instruções em questão, ensinar aos discípulos a forma correta de sentir também era tarefa do mestre de Retórica; por isso, um dos conteúdos da disciplina era a poética. Note-se que o deleite da Retórica era proporcionado pela quantidade de ouvintes que movia e pela satisfação da inteligência desse público no reconhecimento de referências e regras bem articuladas e apresentadas segundo uma tal felicidade verbal que transportasse o ouvinte para os mais nobres sentimentos. Pretendia-se demonstrar que havia um prazer no pensar que só se concretizaria no fomento de sentimentos relacionados à obediência das normas estabelecidas, e, alargando o público da retórica, pretendia-se disseminar tais sentimentos, a ponto de os padrões de comportamento da nobreza tornarem-se consenso entre o populacho.

Para o estudo de tão importante disciplina, aconselhava-se o uso das *Instituições*, de Quintiliano, adaptadas por Rollin para o uso nas escolas; da *Retórica*, de Aristóteles; das *Obras retóricas*, de Cícero e Longino, Vossio e Frehey de Granada. Havia, ainda, recomendações diferentes para cada tipo de oração. Por exemplo, para entender quais eram os gêneros de escritura, deveriam ser lidas as *Orações* de Cícero; para melhorar a elocução, a *Fundamenta Stylicultores* de Heinécio.

Assim como a obra de Luís Antônio Verney, o *Decreto de 28 de junho de 1759* e as *Instruções*, também de 1759, apresentam novas indicações bibliográficas para o estudo da Retórica que, embora diferentes, guardam percepções simétricas em relação à Retórica e à Educação. Nelas, o estudo da Retórica serve como combustível do raciocínio, este voltado para o progresso e a educação, como caminhos que conduzem à civilização dos costumes. Similares ou complementares, as prerrogativas contidas na legislação sobre a educação e nas cartas escritas por Verney apontam para um sentido comum: com o ensino da Retórica popularizado e ministrado em língua portuguesa todo o reino tinha a ganhar, porque iria entender-se melhor e, consequentemente, atingir condições mais agradáveis de vida, o que não correspondia, contudo, à plena realização desses ideais.

Quando vemos registrados o "povo" e a "população" em decretos ou cartas como a de Verney, não é a muitas pessoas ou às pessoas mais pobres que devemos associar o termo. Os autores desses textos pensavam em seus poucos e bem qualificados subordinados diretos que, como nos indicou Stendhal com seu Julien Sorel, já constituíam alguma elite entre os seus.

De lá para cá...

Em 1760, quando a novidade de uma reforma do ensino chegou ao Rio de Janeiro, os três seminários fluminenses contavam com 95 seminaristas e cerca de 400 alunos. Os números podem parecer pouco diante de uma população com cerca de 30 mil habitantes, mas deve-se atentar para o fato de que constituíam 60% dos 700 alunos de todo o Brasil (Cavalcanti, 2004, p.160). A partir dessa data, no entanto, houve uma diminuição do número de estudantes, em razão da adaptação às Aulas Régias. Alguns anos depois, essa diminuição converteu-se em um aumento, tanto de mestres quanto de discípulos, impulsionado pela flexibilização das regras relativas à instrução (Cardoso, 1998). Tanto o número de alunos aumentou, que se pôde sentir esse aumento nas matrículas de brasileiros em Coimbra. Entre 1819 e 1820, por exemplo, a Universidade de Coimbra possuía 1.460 discípulos, e 5,5% eram brasileiros, num total de 86 estudantes. Desses, 40 eram baianos, 14 pernambucanos, 11 mineiros, 10 maranhenses, 9 do Grão-Pará, 7 do Rio de Janeiro – sendo um deles de Goitacazes –, 1 paulista, 1 mato-grossense, 1 goiano e 1 natural de Porto Alegre. No curso jurídico, 27 matriculados eram brasileiros; em Cânones, 7; na Faculdade de Leis, 41; Matemática, 13; Filosofia, 9 – mais 2 em Botânica e os mesmos 2 em Química. Dezesseis deles acompanhavam mais de uma faculdade e a maioria dividia casas

52   MARIA RENATA DA CRUZ DURAN

com conterrâneos ou residia em pensões estudantis (cf. Relação e índice...). Não se considere, contudo, que esses números soavam parcos para a época. Para o viajante austríaco Ernest Ebel (1972, p.189), em 1824, "de modo geral, a educação que recebe a gente da terra é suficiente". Para o viajante, era natural que o brasileiro não fosse afeito ao estudo e à leitura porque não havia essa necessidade nas ruas, casas, trabalhos ou lazeres. Era habitual que se circulasse por toda a cidade durante horas sem a necessidade de ler uma única palavra. Os livros eram caros, poucas as bibliotecas; a tipografia, uma indústria proibida – mesmo para a inteligência das notícias do Estado entre os convivas dos mais refinados salões. A maioria dos fidalgos fluminenses, segundo o marechal Garção Stockler em notas escritas para as *Poesias*, do pregador real Sousa Caldas, aprendia com os escravos as primeiras instruções sobre como se comportar no mundo:

> É abuso inveterado entre os portugueses assim europeus como americanos, dar a criar seus filhos a escravas ou amas mercenárias, não tanto pelo desejo de libertarem as próprias mulheres do inco-modo de alimentarem os filhos, como pela fatuidade de ostentarem educação diferente da do povo baixo e miserável. E esta preocupação tanto mais forte, quanto menos tempo há que as famílias, que a adotam, saíram desta classe, com a qual sua atual riqueza as leva a pretender não confundir-se: ou da qual só se distinguem pelos bens que possuem. (Stockler apud Sousa Caldas, 1836, p.64)

Os danos causados por essa situação, na opinião de Stockler, incutiam nos jovens brasileiros uma falta de ânimo e de curiosidade pela cultura letrada, e, pior, uma indolência ou mesmo desprezo em relação ao trabalho, segundo ele, próprias do negro analfabeto e escravo.

É certo, pois, que a instrução no Brasil não estava bem assistida, mas isso não corresponde à inexistência de instituições responsáveis por ela. Segundo o diário de viagem do comerciante inglês John Luc-cock, havia dois importantes seminários no Rio de Janeiro:

Dos colégios, o de S. José é o mais antigo e o mais afamado. Foi provavelmente fundado logo após a igreja de S. Sebastião, encontrando-se ao pé do morro que traz seu nome, perto da Rua da Ajuda. Na frente há um portão, mais que sólido, degenerando já para o pesado estilo brasileiro. Passando por debaixo desse portão, os visitantes atingem uma área aberta, coberta de grama, em cujo fundo encontram um só lance de edifício com janelas de rótula pintadas de vermelho. A aparência externa oferecia sinais palpáveis de negligência, e exames ulteriores confirmaram as primeiras impressões. Os quartos eram suficientemente numerosos, mas pareciam incômodos, estando alguns desocupados. Avistamos uns poucos colegiais que se achavam por ali passeando, de beca vermelha; alguns já tonsurados, mas a maior parte ainda muito jovem. Não apresentavam nenhuma elasticidade de espírito, nenhuma curiosidade sagaz [...]. Um outro colégio, mais respeitável quanto à aparência e direção que o anterior, encontra-se na estreita e suja rua de S. Joaquim, tendo o mesmo nome que ela. Ali os letrados fazem praça de educar aos jovens para forças de estado e de lhes ensinar muito especialmente os conhecimentos próprios para esse fim. Mas embora o governo empreste seu patrocínio à instituição, o n.º de estudantes é pequeno e, na realidade, a casa não está em condições de os receber em grande quantidade. (Luccock, 1978, p.49)

Além dos seminários, havia as Aulas Régias e os cursos particulares, geralmente voltados para a preparação dos alunos que queriam concluir seus estudos em Coimbra, conforme assinalaram Spix e Martius (1976, p.48):

Para a instrução da juventude, dispõe a capital de diversas boas instituições de ensino. Pessoas abastadas tomam professores particulares a fim de prepararem os filhos para a Universidade de Coimbra, o que obriga a grandes sacrifícios visto que são raros os professores competentes.

Nesses seminários, as disciplinas estudadas eram:

No Seminário de São Joaquim, aprendem-se rudimentos de Latim e do cantochão. Mas o melhor colégio é o Liceu ou Seminário São José, onde, além do latim, do grego, das línguas francesa e inglesa, retórica, geografia e matemática, também se leciona filosofia e teologia. (ibidem)

Os cursos particulares seguiam o mesmo padrão dos seminários São Joaquim e São José, onde, geralmente, também se ministravam as aulas referentes ao novo sistema de instrução. Além disso, o estado em que se encontrava a educação fluminense na época não deixava tanto a desejar quando comparado com a educação na metrópole portuguesa. Segundo Augusto da Costa Aguiar (1862, p.65-6), autor de *O Brasil e os brasileiros*, a ausência das ciências intelectuais em Portugal era proporcional à falta de interesse pela manufatura. Nesse sentido, os efeitos da política portuguesa no Brasil foram danosos, mas não há por que se ressentir de uma maldade planejada, pois, por fim, "A civilização que eles possuíam, era aquela, que nos traziam: a maior parte deles não sabia ler, nem escrever: não conhecia as vantagens da imprensa, e nem tão pouco das boas estradas" (ibidem).

No Brasil, como a maior parte dos que concluíam seus estudos em Coimbra tinha altos cargos administrativos à sua espera no Rio de Janeiro, essa renovação nos estudos maiores significou uma afirmação da Retórica como uma língua administrativa, se não burocrática. Submetida ao comando metropolitano, essa linguagem foi muitas vezes confundida com demagogia, pois as decisões tomadas nesse âmbito pouco valiam diante da mudança de opinião dos reinóis. Sem poder decisório, mas com o dever de responder às questões públicas, os altos funcionários locais valeram-se da Retórica para explicar os motivos pelos quais pouco podiam resolver os problemas no Brasil, germinando uma visão perniciosa que alguns coetâneos passaram a ter da disciplina.

Nesse interregno, a Retórica, por ser uma disciplina requisitada nos exames de Coimbra, manteve-se como prerrogativa imprescindível no currículo dos nobres e ricos que pretendiam cursar uma das faculdades oferecidas pela única universidade do reino. Entre os pobres e plebeus, ainda que não se estudasse a Retórica, as lições de eloquência seriam tomadas por meio dos sermões e dos discursos proferidos na cidade fluminense, onde, até 1808, publicar as ideias e os conhecimentos em forma de livro não era permitido.

A vida na colônia, como havia assinalado Ernest Ebel, não exigia sequer alfabetização, quanto mais cultura letrada; todavia, o número reduzido de alunos nas escolas da América portuguesa assinalava, primeiro, que nem todos eram analfabetos e, segundo, que havia sim um interesse pela cultura letrada neste território. De modo que, na cátedra, sobretudo após 1759, o habitante desta colônia lusitana teve chances de exercitar sua inteligência por meio de uma eloquência que podia não atingir os mais elevados níveis estéticos, mas que, ainda assim, afirmava e intensificava o uso da oratória no meio da cultura letrada fluminense, promovendo, a seu próprio modo, uma movimentação intelectual e literária nesta terra, onde lidar com livros era considerado uma atitude de risco.

Sob o comando de D. Maria I, a influência da Igreja na transmissão do saber recrudesceria, uma vez que havia sido indicado um grande número de religiosos afamados para o serviço de censor na Real Mesa Censória, que regulava o envio de livros para as "conquistas", dificultando a implementação da leitura e dos livros laicos no mundo português. O Decreto de 21 de junho de 1787 da Real Mesa instituía no 11º parágrafo os limites de seu poder:

> Poderá impor aos desobedientes, não só as penas espirituais de suspensão, interdito e excomunhão, para que o autorizou a Bula do Santíssimo Padre Pio VI alcançada a Instâncias minhas, mas também as temporais de prisão, degredo e outras, regulando-se neste caso em tudo pelos Sagrados Cânones, minhas ordenações e pela Lei de 5 de abril de 1786 que hei por bem confirmar em tudo que não contrário a esta minha Carta de lei [mais, no parágrafo 23º] Terá este tribunal jurisdição civil e criminal para tudo o que for concernente às matérias da sua inspeção. (apud Bastos, 1926, p.247)

O risco de desobedecer às leis era grande demais: aquele que publicava um livro no Brasil poderia ser preso, suspenso, interditado, excomungado ou o que mais se achasse necessário à punição do crime. Parecia, portanto, justificável que no Brasil a circulação de livros não tivesse se desenvolvido, sobretudo porque o alvará de 20 de março de 1720 proibia a impressão de livros na América portuguesa, e o de 16 de dezembro de 1794 condenava o despacho de livros e papéis para cá. Segundo o estudioso inglês Robert Southey (1965, p.365-6), no Brasil dessa época:

> Achava-se a grande massa do povo no mesmo estado como se nunca se houvesse inventado a imprensa. Havia muitos negociantes abastados que não sabiam ler, e difícil era achar jovens habilitados para caixeiros e guarda-livros. Nem era raro um opulento sertanejo encomendar a algum dos seus vizinhos que de qualquer porto de mar lhe trouxesse um português de bons costumes que soubesse ler e escrever, para casar-lhe com a filha. Contudo havia na maior parte das povoações escolas públicas de primeiras letras, tomando os respectivos mestres bem como os de latim na maior parte das vilas o título de professores régios, instituições singularmente incongruentes com esse sistema cego que proibia a imprensa. Os que tinham aprendido a ler poucas ocasiões encontravam de satisfazer o desejo de alargar os seus conhecimentos (se acaso o possuíam), tão raros eram os livros.

John Armitage (1943, p.105), autor de uma *História do Brasil* publicada em 1836, acrescentou:

> Onde a imprensa é comparativamente falando, desconhecida, a influência do clero de necessidade se torna grande, acrescendo ter sido o de Portugal investido de imenso domínio, porque dois terços efetivos dos bens de raiz ali lhe pertenciam.

Nas cátedras fluminenses, tal influência pode ser notada pela presença constante e maciça do padre-mestre na educação, que, mesmo assim, não supria a demanda da instrução local. Em 1799, contudo, D. João tentou modificar esse quadro por meio de alguns incentivos à educação na colônia, uma parte importante do reino português:

Sendo me presente o triste e deplorável estado em que se acham os estudos menores em todas as capitanias do Brasil, pela falta de inspetoria com que se acham estabelecidas as cadeiras necessárias para a instrução pública pela qualidade das normas, em que pouco se atendeu no que mais era necessário no local onde se estabeleceu as sobreditas cadeiras, pela falta de uma norma fina e arrazoada para a nomeação e escolha dos mesmos professores e para a permanente inspeção sobre o cuidado, atividade e zelo com que os professores correspondem as suas obrigações e finalmente pela falta de proporção entre as cadeiras que se estabeleceram e as rendas [sic] procedentes do subsídio literário, que deve servir ao pagamento do seu honorário. Hei por bem ordenar-vos que procedais ao exame de todos esses objetos e que muita e circunstanciadamente me informeis. (D. João, 1799, p.1)

Aproveitando a oportunidade, D. João estabeleceu cadeiras de Aritmética, para que houvesse bons contadores nos negócios que envolviam as sesmarias, e de Geometria, para que houvesse bons geômetras no cálculo das léguas de terras. Além disso, o príncipe encarregava o bispo do Rio de Janeiro e o conde de Resende, vice-rei do Brasil entre 1790 e 1801, de nomear os mestres dessa comarca, assinalando que, se houvesse dúvidas, as opiniões deveriam ser remetidas com detalhes ao príncipe, que decidiria caso a caso. A carta direcionada ao conde de Resende incluía ainda algumas sugestões aos mestres, tais como "premiar com algumas medalhas de valor os discípulos, seus alunos das mesmas escolas que anualmente fizerem alguma composição de distinto merecimento ou publicarem alguma obra que mereça passar a posteridade" (D. João, 1799, p.3). Com essas medidas, D. João esperava incentivar os estudos na colônia.

58　MARIA RENATA DA CRUZ DURAN

D. Rodrigo de Sousa Coutinho, importante personagem na introdução das "luzes" em territórios lusitanos,[10] em 30 de setembro de 1799, complementaria tais medidas determinando que os governadores das províncias deveriam designar os mestres régios de maior destaque – em sua maioria, religiosos – para inspecionar anualmente as escolas de sua província. Os mestres deveriam compor um rigoroso relatório sobre o número e a morigeração dos discípulos, além do procedimento dos demais mestres, consistindo em um dos únicos meios de se avaliar a instrução oferecida pelo Estado até o início do século XIX.

Assim, no Brasil, a educação possuía uma marca profunda da religião católica, como, aliás, constatou John Luccock (1978, p.86), asseverando que "a educação dada nos colégios visa quase que unicamente o sacerdócio ou os cargos dos leigos da Igreja e, embora reduzida a esses objetivos especiais, acha-se em extrema decadência". Entre os brasileiros, no entanto, o predomínio da instrução religiosa não era visto como uma falha ou ausência. A educação, um dos meios de elevar o espírito, era efetivamente considerada uma responsabilidade da Igreja, parceira do Estado na administração da colônia.[11] Acreditava-se, aliás, que a religião promovia a educação:

O critério do adiantamento dos Povos está conexo com a religião cristã, de cujo estabelecimento resultaram ao Mundo os mais

---

10　Sobre a importância de D. Rodrigo de Souza Coutinho na instrução e na literatura brasileira, pode-se consultar a dissertação de mestrado de Rodrigo Touso, defendida na Unesp/Franca em 2005.

11　A vida religiosa era uma vida vinculada ao Estado, pois o clero era responsável pelo recolhimento dos dízimos, importante arrecadação do Estado no início do Oitocentos. Em contrapartida, os religiosos registravam casamentos, nascimentos e mortes, servindo ao Estado como seus escriturários. Na realidade, desempenhavam muitas outras funções além dessa, atuando na área da Educação, por exemplo, como responsáveis por quase todos os seminários e colégios da colônia. Na área da Saúde, construíram e administraram Santas Casas, orfanatos e recolhimentos, a ponto de Robert Southey (1965, p.367), por volta de 1810, considerar que "não havia classe de gente que mais alta estivesse na estima pública do que o clero secular; nenhuma que possuísse igual influência sobre o povo".

grandes, e inesperados sucessos, já na passagem do império de Roma para Constantinopla, já na descoberta da América, que nos revelou a configuração exata do Globo, e trouxe aos Indígenas as leis da relação, com tão essencial mudança nas relações políticas da Europa, já pela descoberta da Arte de imprimir, e tantos outros admiráveis progressos em todas as ciências naturais; levada até à Ásia o império da fé, que de algum modo consolou a Igreja na mágoa do mais horrendo cisma... (Lisboa, 1829, p.20)

Os padres, sem outros meios além de seus próprios conhecimentos, geralmente adquiridos nas escolas da metrópole lusitana, incutiram na população local o hábito de ouvir e falar como uma disciplina instrutiva e, na eloquência, situaram as qualidades do bom estudante, se não do homem culto brasileiro. Entre o final do século XVIII, quando a maioria desses padres havia estudado na metrópole, e o início do século XIX, quando um novo impulso foi dado à educação brasileira, segundo Armitage (1943, p.29):

A educação havia feito mui pouco progresso; os conhecimentos dos eclesiásticos eram geralmente limitados a um mau latim; e o indivíduo feliz que reunia o conhecimento deste e do francês, era olhado como um gênio tão transcendente, que de grandes distâncias vinham pessoas consultá-lo. A ciência política era desconhecida pela quase totalidade dos habitantes do Brasil. As histórias de Grécia e Roma, o Contrato Social de Rousseau, e alguns poucos volumes dos escritos de Voltaire e do Abade Raynal, que haviam escapado à vigilância das autoridades, formavam as únicas fontes de instrução.

Com a transferência da corte portuguesa para o Brasil, finalmente, algo da revolução da instrução lusófona de que falávamos no início deste capítulo se estabeleceu. O alento dado ao ensino local ocorreria primeiro pelos decretos que permitiam a instituição de tipografias, o comércio de livros e a expansão do sistema de ensino; depois, pela exposição do povo fluminense a um novo tipo de convívio social.

60   MARIA RENATA DA CRUZ DURAN

Uma dessas medidas foi a expansão do sistema de Aulas Régias, por meio do aumento do número de cadeiras oferecidas e do salário dos mestres. Até o primeiro quartel do século XIX, segundo Manuel Joaquim do Amaral Gurgel, presbítero secular a lecionar História Eclesiástica, os padres recebiam entre 200 e 150 mil contos de réis para ensinar (Taunay, 1956). Todavia, um decreto de 24 de fevereiro de 1823, elevou para 240$000 réis o ordenado dos professores de primeiras letras da corte. Já como mestre régio de Retórica, Geometria ou línguas estrangeiras ganhava-se algo em torno de 440$000 réis, remuneração de João Marques Pinto, por exemplo, professor de Grego, em 1784. O salário, referente a três meses de trabalho e recebido sempre com muito atraso, todavia, era vinte vezes menor do que o mais alto salário da capitania, pago ao vice-rei, mas equivalente, segundo o decreto de 29 de dezembro de 1801, ao salário de um inspetor geral da impressão régia em Portugal, que ganhava 400$000 réis.[12] Em média, os mestres da metrópole auferiam 200$000 réis, menos, portanto, que os mestres da colônia, pois se considerava a dificuldade de lecionar longe da civilização, conforme atentou Thais Nívia de Lima e Fonseca (2009) em *Letras, ofícios e bons costumes*.

Deve-se considerar a importância desses aumentos para essa área já acostumada com economias. Desde os jesuítas, mal vistos até mesmo por sua riqueza, a instrução era financiada por um recém-criado sistema de impostos cujo montante inicial foi cedido justamente pelas posses inacianas. Como o espólio dos jesuítas se extinguia pouco a pouco, foi necessária a instituição de um imposto que custeasse a manutenção pública do ensino. Então, em 3 de agosto de 1772, a Mesa Censória apresentou, junto ao mapa das terras onde deviam ser estabelecidos os estudos menores, a proposta de um imposto, depois chamado de Subsídio Literário. Essa estrutura

---

12 Para se ter uma ideia melhor acerca dos salários docentes, comparemos alguns vencimentos da época: o inspetor geral da impressão régia, por decreto de 29.12.1801, ganhava 400$000 réis por mês (Decreto de 29 de dezembro de 1801); o guarda-roupas real, 800$000 réis; o cirurgião da câmara, 100$000 réis; os criados particulares da casa real 240$000 réis; varredores 64$000 réis (Cavalcanti, 2004, p.270).

de financiamento foi convertida em lei de 6 de novembro do mesmo ano de 1772. O Subsídio Literário, segundo Ribeiro,[13] substituiria todas as coletas, que nos Cabeções das Sizas, ou em outros livros, ou cadernos de arrecadação, haviam sido lançadas para as despesas da instrução pública.[14] Uma vez instituído o Subsídio, poucos foram os aumentos diretamente relacionados aos salários dos mestres. Para o viajante francês Ferdinand Denis (1980, p.114):

[...] todas as circunstâncias, numa palavra, que faziam sair os brasileiros da espécie de letargia moral em que jaziam, neles despertavam o sentimento de seus direitos, e, depois do primeiro entusiasmo, que lhes difere, havia inspirado a chegada da corte e de uma povoação mais instruída, mais industriosa, sonharam com a luta moral que ia começar, e não quiseram ser vencidos. Desde este momento, o Rio de Janeiro deixou de apresentar o aspecto de uma colônia que se explorava à força de leis repressivas; despertaram as inteligências, começou uma nova era.

Animados pelos decretos mais recentes, pela chegada de tanta gente nova e pela atenção e cuidados nunca antes dispensados a cidade alguma da colônia, os fluminenses entusiasmaram-se com a instrução, que passou a ser vista como uma necessidade no novo meio social. Para o botânico George Gardner (1975, p.21), que esteve no Brasil entre 1836 e 1841:

[...] grande o desejo dos habitantes da cidade parece de dar-lhe ares europeus, que até certo ponto já acontece em parte pelo influxo dos

---

13 José Silvestre Ribeiro nasceu em 1807 e morreu em 1891. Foi administrador geral de vários distritos, ministro da Justiça, deputado e par do Reino.

14 "Nos termos do alvará consistia o importo: no Reino e Ilhas dos Açores e Madeira, em um real em cada canada de vinho; de quatro réis em cada canada de aguardente; de cento e sessenta réis em cada pipa de vinagre; na América e África em um real em cada arrátel de carne que se cortasse nos açougues; e nelas e na Ásia em dez réis em canada de aguardente, das que se fizessem naquelas terras, debaixo de qualquer denominação" (Ribeiro, 1871, p.222). Foi extinto em 1858.

próprios europeus, em parte pelos muitos brasileiros que tem visitado a Europa para se educarem ou para outros fins.

Estudos profissionalizantes também tiveram vez. À medicina, por exemplo, foi devotada uma série de pequenos cursos, arregimentados em aulas avulsas distribuídas entre cidades como Salvador, Rio de Janeiro e Olinda. Sob a coordenação de José da Silva Lisboa, ainda outras áreas foram contempladas, como a de economia, impulsionada por um curso de Economia Política. O comércio também foi tema de um novo curso, que incluía aulas de Aritmética, Álgebra, Geometria, Moedas e câmbios, Seguros, Leis e escrituração mercantil. A química, que em 1812 foi contemplada com a criação de um curso específico, assim como a agricultura, cujo curso é de 1814, da mesma forma, mereceram atenção. A Academia de Guardas Marinhas, de 1808, e a Academia Real Militar, de 1810, também são instituições da lavra do monarca. Embora essas atitudes fossem louvadas, para alguns letrados elas não significaram uma mudança substancial. Para Abreu e Lima, no seu *Bosquejo histórico, político e literário do Brasil*, publicado em 1835:

[...] os brasileiros começaram por onde deviam acabar, trataram das ciências maiores sem cuidar da instrução primária [...]. Temos muitos advogados, muitíssimo cirurgiões, e muitos mais aspirantes a lugares de magistratura; e sem embargo, todos os dias pedimos a Deus nos livre de que a nossa honra, a nossa vida e a nossa fazenda passem por semelhantes mãos. (apud Süssekind, 1990, p.86)

Embora não fossem muitas as escolas de alfabetizar, as aulas das matérias que davam acesso aos estudos maiores ou profissionalizantes no Rio de Janeiro do início do século XIX mantiveram e até aumentaram a sua importância. Além disso, escravos de ganho que sabiam extrair dentes, fazer serviços de marcenaria, entre outros, se tornaram mais caros, não só porque seus serviços foram mais frequentemente requisitados, como porque eles também passaram a ensinar seu ofício.

Obviamente, os estudantes de tais cursos não poderiam se igualar, por exemplo, aos barbeiros e curandeiros que até então se ocupavam da saúde local. Ora, esses estudantes bacharéis, filhos de grandes senhores, aprendiam técnicas para serem úteis à pátria, para servirem ao rei e não para ganhar dinheiro com isso ou para favorecer-se individualmente. Haviam tomado suas primeiras lições com padres, ou com quem tinha aprendido com eles, estavam, portanto, imbuídos da vocação que Deus lhes destinara, tinham uma missão. É bem verdade também que sua missão era, muitas vezes, o que os salvava de uma vida miserável, econômica e socialmente, pois foi a posse de um diploma que assegurara àqueles filhos de grandes senhores que não eram primogênitos a chance de ascensão social, conforme assinalou o médico e literato Joaquim Manuel de Macedo (2004, p.277) em seu *Um passeio pela cidade do Rio de Janeiro*:

Sai um mocetão da academia de S. Paulo ou de Pernambuco, formado em direito, e, se é nhonhô [...] encarta-se logo na presidência de alguma província. Da presidência da província, salta para a Câmera temporária, da Câmera temporária pula para o ministério. Uma questão de três pulos dados em alguns meses; e em duas palhetadas e meia, o nhonhô, que não foi ouvir as lições de nenhum mestre, que não teve noviciado, nem tempo para ler mais do que os prólogos de alguns livros, é declarado estadista de fama e salvador da pátria.

Analogamente, os donos das lojinhas, dos sítios ou das oficinas que tiveram a boa vontade de enviar os seus filhos do meio ou os filhos caçulas aos conventos para tomarem as primeiras letras e depois às aulas avulsas para aprenderem alguma ocupação viram essas crias distinguirem-se socialmente por sua fala rebuscada e pelo maneirismo de seus costumes, e, o melhor de tudo, por seu emprego público e pelas vantagens que esse proporcionava. Alguns desses donos de terra ou de lojas chegaram, até mesmo, a enviar seus filhos para Coimbra, aumentando assim as chances desses jovens. Entretanto, nem todos os garotos enviados para Coimbra concluíram

64   MARIA RENATA DA CRUZ DURAN

seus estudos, pois, como anotou Ovídio Saraiva, em *O Patriotismo acadêmico*, o esforço na "carreira de letras" era considerado árduo e difícil de ser concluído:

> E eu fui, sr. Exmo, o primeiro de toda a capitania do Piauí, que não desmaiou na árdua carreira de letras; e a despeito da longa ausência de 20 anos de minha cara família, e a despeito enfim de incômodos, cuja ideia sepulcral ainda parece querer atemorizar-me, eu consegui o fim, a que meus pais diligentes me destinaram. E eu fui, sr. (repito) o primeiro, que honrei aquela extensa capitania, a quem não devo senão a existência, e que de hoje em diante [...] me auguro o seu maior ornamento [...] a minha pátria é agradecida. (Carvalho e Silva, 1809, 2ª e 3ª folhas do agradecimento)

Ovídio Saraiva, estudante de Direito em Coimbra no final do século XVIII, esperava que seu empenho na carreira de letras fosse reconhecido, leia-se bem remunerado, visto que apenas um forte sentimento patriótico garantia a conclusão das árduas tarefas do estudante. Efetivou-se, nesse tipo de postura, um elo entre o esforço do estudante e o merecimento de um cargo público; entre o investimento na instrução e a formação de quadros para o serviço público. Um exemplo dessa percepção fazia parte de uma carta dedicada à instauração de uma universidade no país em 1815. Nela, Manuel Luís Álvares de Carvalho, formado em Medicina pela Universidade de Coimbra em 1782, sugere que fosse instituída uma faculdade de Filosofia no Rio de Janeiro a partir da reunião dos cursos já existentes na cidade. Entre as facilidades do projeto, o autor elencou a existência e a qualidade desses cursos na capital fluminense, e, como uma de muitas possíveis vantagens, a preparação de profissionais qualificados para o serviço público. Carvalho (1815, p.1), então, assinala uma prerrogativa:

> Os Estudantes todos logo que acabados aqueles estudos tiverem suas cartas de formatura ou de doutoramento, que sejam aceitos para o Real Serviço e vençam soldos como representei há dois anos no

RETÓRICA À MODA BRASILEIRA **65**

plano da Criação de uma brigada de engenheiros naturalistas para ensinarem, viajarem e escreverem à custa do Estado.

Os cursos a que se referia o doutor Carvalho quando propunha uma fusão em prol da fundação de uma universidade eram aqueles oferecidos no sistema de Aulas Régias, que, segundo Carvalho, eram suficientes para formar um grupo capaz de solidificar a administração local. Esta, obviamente, não foi a única tentativa de erigir uma universidade no Brasil da época. Em meados de 1820, outros projetos eram avaliados por D. Pedro I com bons olhos e ciência da população fluminense como denota uma carta publicada em um periódico da época:

Eu considero o Decreto com que S.M.I. nos favoreceu, no dia 9 deste, para o estabelecimento de um curso jurídico, como a última pedra do edifício da nossa independência e sem o qual, na verdade, seríamos independentes só na palavra. Enquanto nos era preciso mandar os nossos jovens formarem-se em Coimbra, a vantagem estava toda a favor dos europeus, e contra os brasileiros: qualquer pai, em Portugal, podia mandar o seu filho para a Universidade, com muito pouca despesa ou incômodo: uma camisa no corpo, e outra lavada na algibeira, com um bastão para exortar os cães ou lobos, eram todos os preparativos necessários para a viagem de Coimbra da parte mais remota do reino. Mas não era assim com os pais brasileiros, com eles era preciso gastar um par de bons vinténs com a passagem do mar; outro tanto com o fato, e mil outras coisas: era, de mais, preciso sofrer uma longa ausência do filho, que também, da sua parte, estava exposto aos inconvenientes de uma mudança de clima, privado das consolações dos seus pais, no caso de doença, e obrigado, mesmo na saúde, a passar o tempo das férias, saudoso e triste, enquanto via os seus condiscípulos europeus deleitando-se no seio de suas famílias, eis, porque quase todos os lugares que exigiam que o empregado fosse formado estavam sempre nas mãos dos europeus e se não fosse pelo paternal decreto de S.M.I., acima mencionado, assim deveriam ficar. ("Um amigo franco", *Diário Fluminense*, n.22, 29.1.1825, p.87)

O ensino superior no Brasil, todavia, só seria edificado em 1828, com as faculdades de Direito de São Paulo e Recife. Ainda assim, como parte das vagas públicas era reservada aos mais nobres pupilos, a concorrência pelos cargos públicos que sobravam, já nessa época, era grande. Valia um esforço redobrado na conquista dessas vagas, tal como recorrer a aulas particulares. Isso porque os cargos públicos não só rendiam novos honorários, como reafirmavam distintivos de nobreza. Assim, as iniciativas privadas também deram o seu tributo à lenta ampliação do ensino nessa parte do reino. Iniciativas como a do alfaiate inglês Diogo Lennom, que, na Rua do Rosário, número 31, oferecia "com licença do Desembargo do Paço", "aula de francês e inglês, para pessoas empregadas de dia no comércio, das 6 da noite até às 8, em casa do alfaiate" (*Gazeta do Rio de Janeiro*, 8.11.1817, apud Renault, 1969, p.32), eram impraticáveis antes da transferência da corte e da suspensão das leis impostas a colônia. Na segunda metade do Oitocentos, tais iniciativas foram incentivadas por decretos como o de 30 de junho de 1821, que permitia a qualquer cidadão o ensino e a abertura de escolas de primeiras letras, independentemente de exame de licença, o que significou uma nova expansão do ensino, bem como a multiplicação de propostas relativas à regulamentação desse, tais como aquela apresentada por Januário da Cunha Barbosa em 1834 - o que significa dizer que houve um crescente interesse pela área a partir de 1759.

Nossa preocupação aqui foi apresentar um panorama geral do tipo de instrução oferecido em Portugal e no Brasil desde o tempo de D. José I até os primeiros passos de D. Pedro II no poder. Para isso, pincelamos aqui algumas das principais ideias da época: a laicização e a democratização do ensino; bem como alguns dos eventos que lhes deram força: a expulsão dos jesuítas da instrução e a criação das aulas régias. Personagens importantes como Luís Antonio Verney e D. Rodrigo de Souza Coutinho também foram destacados. E as duas

RETÓRICA À MODA BRASILEIRA   67

revoluções ocorridas na educação luso-brasileira de então: primeiro e mais ampla, aquela que, com a expulsão dos jesuítas, instaurou as Aulas Régias; e, depois, particular ao orbe luso-americano, ocorrida no Rio de Janeiro após a transferência da corte portuguesa. A primeira instituindo o exame de retórica como o novo ponto de inflexão entre os estudos maiores e menores, a segunda dando vida à rede pública e particular de instrução no Rio de Janeiro sob os auspícios da retórica.

Mais importante, justamente, foi notar a importância da Retórica nessa paisagem: servindo como fio condutor da instrução de então, a disciplina impunha ritmo e direção à fala dos estudantes. O que, de maneira controversa, preparou uma instrução para a escrita em ambos os hemisférios do universo português. Saem os jesuítas, entram os livros. A memória e os caprichos dos mestres inacianos dão lugar ao instrumento de uso silencioso e solitário e este granjeia espaço para um seu companheiro: o caderno de anotações, tal como este anunciado pela livraria Garnier:

Caderno de anotações ou momento diário, dando por cada dia do ano meia folha de papel em branco para fazer qualquer assento de lembrança, e contendo: uma lista dos principais habitantes da corte com suas moradas e profissões, um calendário, os ministérios, os dias de gala e feriados, todos os detalhes relativos a partida dos Correios, com a tabela do porte para fora ao Império, segundo a convenção feita com o governo francês, as taxas dos preços dos carros públicos, as horas de saída de coupes tanto do exterior como da Corte, a taxa do selo das letras, um quadro do ano civil para facilidade de calcular-se os dias entre outras datas, os pesos e medidas, uma [conversão] da moeda inglesa em réis, em quadro de juros ou qualquer soma em 1 a 24; etc. etc. Todos reconhecem a utilidade d'este livro como memorial, tens-se sempre a vista, dia por dia, qualquer assunto ou lembrança de qualquer cousa que se tenha de fazer ou que esteja feita, e assim é o único meio de evitar esquecimentos muitas vezes prejudiciais, tornando-se por isso indispensável a todos os particulares, casas de comércio, escrituras, administrações, etc. etc. (Catálogo da Livraria de B L Garnier, 183?, p.3)

No caderno de anotações, as palavras não se apresentam como antes, no tempo dos púlpitos, aconselhando o ouvinte, mas servindo como registro de memória, apoio para o raciocínio e desafogo de suas inquietações. Nesse ensejo, todavia, permaneceriam os dispositivos que garantiram à retórica toda a vilania de uma época. Ainda nesse panorama, tal como no rascunho de Rugendas, é possível inferir a figura de um imperador ao centro, mas diferente do pintor naturalista, nosso protagonista não é D. Pedro I, é a Retórica. Aqui, procuramos destacar a importância da Retórica e da eloquência na educação no Rio de Janeiro entre 1746, quando a publicação de *O verdadeiro método de estudar*, de Luis Antonio Verney, renovou os estudos na área; e 1834, quando as *Lições elementares de eloquência nacional para uso da mocidade de ambos os hemisférios*, do padre-mestre Francisco Freire de Carvalho, foram adotadas como referência para a disciplina em todo o território brasileiro, padronizando seus usos. E, já que se falou do trabalho de um mestre como referência limítrofe para esse nosso rascunho, que tal pousarmos os olhos neste ponto de nosso rascunho?

2
MESTRES E PUPILOS

"Nessa época brilhante, em que somos libertos,
podendo deixar aos nossos filhos uma herança
mais rica do que a que havíamos recebido de
nossos pais..."

(*Revérbero Constitucional Fluminense*,
n.3, 15.10.1821, p.35)

O mestre do final do século XVIII e início do XIX em Portugal e
"conquistas", como o Brasil, era um homem, de meia-idade, ligado,
de alguma maneira, ao ensino religioso. No Rio de Janeiro, em alguns
casos, profissionais de outras áreas e estrangeiros, sobretudo após a
transferência da corte, recorreram à docência para complementar
sua renda, até que uma oportunidade de trabalho mais atrativa lhes
aparecesse. Mestres do sexo feminino não eram bem-vistas na época,
pois, para João de Moraes Madureira Feijó (1806, p.488):

Também os pais não devem fiar de uma mulher o primeiro
ensino dos seus filhos no A, B, C e nomes, como se costuma nesta
corte, porque nem elas sabem se o nome está certo ou errado, nem
o soletram como o pronunciam; porque a experiência mostra, que

escrevem Cramo, Frol, Mester, Pedor, e etc. e pronunciam Carmo, Flor, Mestre, Pedro.

Se as mestras não eram bem-vistas, tampouco os jovens que desempenhavam tal função possuíam algum prestígio, pois, como se anunciou em 1813, na *Gazeta do Rio de Janeiro* de 7.4.1813,[1] o mestre deveria ter "vastos conhecimentos, retidão de costumes, pureza de religião, e avançada idade" (apud Renault, 1969, p.19). Além de homens maduros, esperava-se que os mestres fossem religiosos. Segundo Spix e Martius (1976, p.48), viajantes austríacos que estiveram no Rio de Janeiro entre 1817 e 1820, "a maior parte dos professores [era] do clero", o que garantia reputação ilibada ao grupo.

No período de adaptação à nova morada e como uma forma de complementação da renda, alguns estrangeiros se empenharam na carreira docente, o que de modo algum significava que esses fossem gabaritados para exercer a profissão, conforme asseverou o viajante francês Auguste de Saint-Hilaire (1938, p.40): "Todos sabem que o sistema colonial tendia a retardar os progressos da instrução, e depois que seus portos foram abertos aos estrangeiros, os que se meteram a ser seus mestres muitas vezes careciam de ser eles próprios instruídos". Entre os estrangeiros que lecionaram no Brasil, a maioria se dedicou ao ensino de suas línguas pátrias: dos trezentos franceses que estiveram no Rio de Janeiro entre 1817 e 1820, por exemplo, três eram professores de Língua Francesa e dois, de Música (Arquivo Nacional..., 1960, p.13 e 33).

Como vencimentos, como já se disse, os mestres recebiam uma média de 240$000 e 150$000 réis para ensinar, algo equivalente aos honorários dos criados particulares da casa real. Para Varnhagen, diplomata nascido em 1816 e autor de inúmeros livros como *História do Brasil*, só se tornavam mestres aqueles que não tinham outra

---

1 A *Gazeta do Rio de Janeiro* foi inicialmente redigida por Manuel Ferreira de Araújo Guimarães, que a deixaria em julho de 1821. Bi-hebdomandário, era um jornal oficial, comunicando as notícias do governo. Também teve o frei Tibúrcio José da Rocha como editor a partir de dezembro de 1821, passando, então, a se chamar *Gazeta do Rio*. Com a independência, deixou de circular.

atividade para auferir rendas, já que eram gastos muitos anos no estudo das letras sem um retorno financeiro equivalente.

Ao passo que o ensino se tornou uma responsabilidade do Estado, os mestres conseguiram assegurar alguns privilégios, antes restritos aos padres-mestres. Embora o salário não aumentasse consideravelmente, garantiu-se a dispensa do pagamento de alguns impostos e, mais tarde, a concessão de certas regalias, como uma espécie de bônus salarial destinado a cobrir os gastos com a estrutura da aula, que ficara por sua conta.[2]

Em 3 de setembro de 1759, decretou-se que os professores de Gramática Latina e Grega e de Retórica fossem dispensados de pagar na chancelaria novos direitos sobre outros empregos e seus respectivos emolumentos. Na mesma data, foi concedido a esses professores "o privilégio da aposentadoria ativa, para estabelecerem as suas habitações e classes nas casas que fossem por eles requeridas, não sendo habitadas por seus respectivos donos, ou ocupados por pessoas a quem por tratados públicos competisse o privilégio de aposentadoria passiva" (Ribeiro, 1871, p.210).[3] Em fins de setembro daquele ano, os mestres foram ainda dispensados de pagar os direitos velhos e emolumentos das cartas que se lhes passassem. Por fim, alguns dos mestres de Coimbra foram aceitos na importante cerimônia do beija-mão, na qual só nobres e importantes eram aceitos.

---

2 É na abundância de cartas enviadas ao diretor-geral dos Estudos, à Mesa do Desembargo do Paço e à Câmara de Vereadores solicitando diferentes emolumentos para cobrir os gastos com aluguel, giz, cadernos, carteiras e até materiais de construção, conservados pelo Arquivo Nacional, no Rio de Janeiro, que se pode constatar que o salário de cerca de 200 contos de réis estipulado para o mestre do final do século XVIII e início do XIX não era, nem de longe, o único vencimento recebido por ele para cumprir a atividade de docente, assim como não era suficiente para cobrir todos os gastos empenhados na docência.

3 Vantagem duradoura no Brasil, segundo o ofício de Joaquim Floriano Toledo de 1828, no qual se lê: "O Professor de Gramática Latina requereu a Sua Majestade o Imperador ser jubilado com o seu ordenado por inteiro em razão de ter servido mais de 3 décadas, achar-se em avançada idade, e padecer moléstias graves, cuja pertenção foi informada favoravelmente no ofício de 31 de junho do corrente ano" (Arquivo Nacional, Série Educação, IE3/CX 496: Secretaria do governo de São Paulo, 1828).

Como o Estado não supria a demanda de estudantes nos principais centros urbanos de Portugal e de suas conquistas – tais como a cidade do Porto, de Salvador, de Évora ou do Rio de Janeiro –, além dos mestres régios, havia, ainda, alguns mestres e escolas particulares. As escolas particulares de Portugal, segundo um relatório publicado em Paris, nos *Anais das Ciências, das artes e das letras* de 1818 a 1822:

[...] são, como nos outros países, ou sustentadas pelo governo ou pagas pelos particulares... Entre nós, na capital, os mestres têm um ordenado tão diminuto que para subsistirem são forçados a descuidarem-se da regência das escolas; nas terras das províncias, pela maior parte, este importante ofício é encarregado a um religioso, a quem a sua idade e as moléstias muito poucas vezes permitem desempenhar os seus deveres, os quais de mais a mais é obrigado a preencher quase de graça. As escolas pagas pelos particulares, tendo ordinariamente menos discípulos, caem no mesmo defeito de não poderem sustentar quem as dirige. Em umas e outras resulta deste inconveniente, aumentado pelos que traz consigo o método simultâneo, que nas Escolas gratuitas o ensino se prolonga de modo que os pobres, preferindo quase sempre o socorro imediato que podem receber do trabalho de seus filhos, à perspectiva de uma instrução que por muito tempo tem esperado inutilmente, e para que são obrigados ainda a fazer a despesa de tinta, papel, penas e livros, sacrificam aos interesses presentes as vantagens futuras. Nas Escolas pagas, a contribuição que, segundo nossa lembrança, é de 240 até 480 réis por mês, isto é 2$880 a 5$800 réis por ano, junta às outras despesas, muitas vezes decide os pais tomarem o mesmo partido; e em ambos os casos a maior parte desses meninos saem das escolas pouco mais ou menos como entraram, apenas com a infeliz diferença de alguns hábitos viciosos que nelas contraíram; alguns acaso conseguem ler mal e escrever mais depressa garatujas do que letras, e raros alcançam, como por milagre um talho de letra seguro e uniforme. (apud Braga, 1892, p.30, t.III)

RETÓRICA À MODA BRASILEIRA   **73**

No Rio de Janeiro, os mestres particulares tiveram seus serviços regulamentados pelo decreto de 30 de junho de 1821, que permitia a qualquer cidadão o ensino e a abertura de escola de primeiras letras, independente de exame ou licença. Como a maioria dos mestres fora instruída em Portugal, seu comportamento era similar àquele visto em terras de além-mar e seu modo de atender aos discípulos acontecia de duas formas: montando uma escola, onde atenderia vários estudantes de uma só vez, ou acompanhando individualmente um discípulo. Numa ou noutra opção, o mestre poderia ensinar em sua própria casa ou na casa do estudante, sendo necessário apenas um quarto onde houvesse mesa e cadeiras.

Quando acompanhava seu discípulo diária e individualmente, o mestre era chamado de preceptor, e nessa qualidade, muitas vezes contou com o valioso auxílio de um plano de ensino, tal como aquele escrito pelo presbítero Francisco Luís Leal, mestre de Filosofia na Universidade de Coimbra, a propósito da educação do filho do conde de Ega.

O discípulo desse tipo de mestre era incomum. Instruído nas normas da alta sociedade desde a infância, ele deveria ser educado para um tipo de convívio muito sofisticado, exigindo de seu mestre uma qualificação especial que independia do Estado. Para ser mestre pelo método apresentado por Francisco Luís Leal, por conseguinte, o candidato deveria ser:

> Aquele que além da Língua Latina, souber a grega, que entender as línguas francesa, inglesa, italiana; que for instruído na geografia, cronologia, e história e nas ciências matemáticas; que tiver conhecimento do direito público, e da filosofia; e ultimamente que tiver o dificultoso talento de se acomodar à estreita capacidade dos Meninos. (Leal, 1801, p.52)

O mestre era responsável por educar o discípulo formal e moralmente, o que fazia por meio dos exercícios de Retórica, mediante os quais avaliava a forma como o discípulo pensava, bem como acostumava o discípulo a opinar sobre os mais variados temas. O método de estudo de todas as matérias era comum: o estudante deveria aprender a ordenar seu conhecimento, classificar as informações auferidas e, por fim, verificar a utilidade desse saber recebido pelos sentidos e processado pelas reflexões que, pautadas pela moral, civilizavam o homem.

Segundo esse mestre de filosofia de Coimbra, um homem civilizado é um homem que reflete guiado por uma conduta moral. Seu agir é polido porque é todo arquitetado segundo suas intenções, visto que agir sem intenções é despir o conhecimento de utilidade, requisito fundamental da reflexão. De acordo com Leal (1801), a retórica e a eloquência forneciam subsídios para que o conhecimento fosse útil, na medida em que pressupunham objetivos e estratégias para a reflexão e sua exposição, aspectos imprescindíveis para os púlpitos e tribunas a que se destinava seu plano. Dessa maneira, a prática da eloquência era diária – toda leitura era seguida de reflexão e exposição oral. No entanto, como disciplinas, Eloquência e Retórica não ocupavam um longo tempo do estudante; pois, para Leal, a estrutura do discurso era menos importante que seus temas, sempre adaptados à fortuna, ritmo e interesses do pupilo.

Entre os grupos sociais mais abastados da metrópole, a Retórica não foi, portanto, a protagonista de uma mudança considerável na instrução mas, sim, como previa o *Decreto de 28 de junho de 1759* "caminho por onde deve passar; e não termo, onde hajam de se estabelecer". É verdade, entretanto, que houve os que se dedicaram à carreira de letras e deixaram de estudar latim para se dedicar à Retórica, mas eram apenas um ou dois dos filhos de um grande senhor que, geralmente, se tornariam padres. Os demais seguiram a vertente de estudos que atendia aos negócios da família. Caso os negócios da família envolvessem o Estado, Demóstenes e Cícero tornar-se-iam leituras diárias do discípulo. De uma maneira ou de outra, é impossível negar que a lógica e a beleza do discurso fossem alheias ou menos importantes na educação de sujeitos cuja sociabilidade de corte fazia parte de sua rotina. O que se pode assinalar, enfim, é que a trivialidade da eloquência nos seus salões de convívio dispensava o estudo normativo da Retórica, tal como acontecia em colégios religiosos, que atendiam um outro tipo de público, em condições igualmente distintas.

Quando os estudos menores eram realizados em colégios, a disciplina, em geral, era mais rígida, tanto para mestres quanto para discípulos, dado que se tratava de dimensões muito mais amplas e de grupos menos abastados e instruídos do que os discípulos que possuíam seus próprios preceptores. No *Plano de Estudos da Congregação dos Religiosos da Ordem Terceira de São Francisco* de Lisboa há um exemplo de como funcionavam os cursos dessas instituições e de qual era o papel dos mestres, sobretudo dos mestres de retórica em grandes colégios.

Para ser mestre de retórica nessa situação, era necessário passar por um concurso longo e penoso. Primeiro, o candidato, ou opositor,[4] devia apresentar um ano de rigorosa disciplina: sem sair do convento mais que uma vez por semana e sem pregar fora dele ou mesmo pernoitar em outro lugar que não fosse sua cela. Ele era dispensado do coro para melhor estudar e, quando chegasse a hora da avaliação, era isolado apenas com os livros para seus exames. Dias depois, o examinador ia visitá-lo fornecendo os temas sobre os quais deveria apresentar sua sapiência. Em prazo estipulado, o opositor escrevia extratos dos livros indicados sem consultá-los, mostrando que os entendia e recordava deles o mais fielmente possível.

Depois de algumas dessas provas, que incluíam tanto autores da igreja quanto de fora dela, o opositor apresentava biografias dos autores cujas obras havia explicado e resumido. Finalmente, três dias de sueto eram abertos a esse opositor para que ele escrevesse o texto mais importante de seu concurso, podendo então utilizar a biblioteca do convento. Tal texto deveria ser lido em sala de aula pelo lente. Nessa ocasião era avaliada sua capacidade de explicar-se

---

4 O candidato a mestre nesses concursos era chamado de opositor porque, oficialmente, as vagas estavam sempre abertas; bastava opor-se publicamente ao mestre ocupante para dar início a um concurso em que a vaga seria disputada. No entanto, o costume era que o concurso fosse aberto apenas quando o ocupante da cadeira estivesse morto, fosse transferido ou promovido para outro cargo.

aos alunos sem estar em sua presença. O provincial acompanhava a reação dos discípulos ao texto apresentado e avaliava a habilidade que o aspirante a mestre tinha de ser claro, objetivo e elegante apenas com suas ideias, sem sua presença.

Chega-se, então, à última fase dos testes. O opositor será fechado na biblioteca para escrever sobre um ponto qualquer, sorteado entre os temas de estudo das aulas. No mesmo dia, ele deve escrever uma dissertação e em 15 minutos dizê-la de cor diante dos mestres da casa, que apresentarão dois diferentes argumentos acerca da questão estabelecida para serem desenvolvidos pelo opositor oral e imediatamente. Nessa fase do concurso, o que mais interessava aos avaliadores era a presença e a memória do candidato, além da sua agilidade de raciocínio. Em outras palavras, exigia-se do futuro mestre que, mesmo em condições de extrema pressão, fosse capaz de se lembrar dos autores mais importantes, de suas ideias e de como torná-las claras, sem, em nenhum instante, mostrar-se indigno, nervoso ou fraco.

Em nova data, fechado na livraria por quanto tempo desejasse, o opositor devia escrever uma tese sobre o tema que melhor lhe aprouvesse. A partir daí, o que cabia ao opositor estava feito. O Provincial encaminhava a dissertação ao conselho e, de posse de seus textos, os conselheiros deliberavam quais candidatos seriam eleitos como mestres. Todo o processo era levado em conta e os que não saíam eleitos poderiam ser nomeados substitutos. Para os franciscanos, o rigor desse processo era importante porque do Magistério dependia "o crédito da ordem, a pureza da doutrina, a produção sucessiva de bons professores e o desempenho dos religiosos nos seus ofícios" (Ordem Terceira de São Francisco do Reino de Portugal, 1769, p.37).

De todos os mestres franciscanos era esperada uma qualidade comum: ser grande conhecedor das paixões e razões humanas. Além disso, almejava-se uma conduta equilibrada quanto aos próprios afetos. Nesse sentido, o mestre "Deve, portanto, gozar de reputação de homem iluminado, sábio, prudente, sofredor de trabalho, de um zelo constante, e que se interessa cordialmente no progresso dos discípulos sem predileção de pessoas". Para mais,

RETÓRICA À MODA BRASILEIRA 77

deve "Evitar que os estudantes caiam na arrogância [...] situação, que a experiência mostra dar mais lugar à inchação escolástica, do que à sobriedade recomendada pelo apóstolo" (ibidem, p.40 e 41). Por essa razão, os mestres não deviam incentivar a leitura indevida e, nesse mesmo sentido:

Proibiu-se todo o exercício de escrever nas aulas, devendo-se nelas estudar, explicar e conferir pelas sumas, que vão determinadas. Contudo, se os professores quiserem fazer alguma ilustração, ou se quiserem dissertar sobre alguns pontos, o poderão fazer, dando a copiar os estudantes o seu escrito, contanto que não poderão usar dele publicamente nas aulas sem aprovação do conselho, nem se hajam de escrever nas mesmas aulas. Abolido pois o sistema de escrever, explicarão os professores pelas obras seguintes. O mestre de retórica ensinará pelas Instituições de Quintiliano com a prudência de evitar o que for prolixo. (ibidem, p.25. BN/OR 63,5,18)

Com a escrita abolida, a não ser pela cópia, parecia óbvia a permanência apenas da fala como instrumento de estudo, criação e comunicação.[5] Ainda assim, a instrução não excluía referências bibliográficas, tais como os títulos da mais recente instrução francesa.[6]

_____

5 A escrita era considerada um mecanismo que atrasava o estudo das matérias, um meio de dispersão da atenção dos discípulos que, em detrimento do coletivo, fomentava sentimentos mesquinhos. Leila M. Algranti (2004) anotou, nesse sentido, que a leitura em voz alta era preferível à leitura silenciosa porque evitava pensamentos corriqueiros e mesquinhos. A publicidade da leitura era um modo de direcionar, de controlar o pensamento.

6 Eram eles: *Tratado de eloquência*, de Thomé Correa; *Retórica de Cícero*, de Fabio Vitorino; *Instituições Retóricas: e infinitos Tratados Modernos*, de Dictérico; *Retórica Sagrada*, do padre Fr. Luiz de Granada e as obras de Aristóteles e São Basílio. A fim de que o mestre fizesse bom uso dessas obras, pressupunha-se que tivesse conhecimento de outras, tais como *O pedagogo*, de São Clemente Alexandrino; *O método de estudar*, de Du Pin; *O tratado anônimo da educação pública*, em francês; *O plano da educação pública*, por Coloumb; *O método dos estudos*, de Fleury e, finalmente, *A maneira de ensinar*, de Rollin.

78 MARIA RENATA DA CRUZ DURAN

O mestre de retórica no reino lusitano durante a virada do século XVIII para o XIX deveria, portanto, possuir uma moral ilibada, um conhecimento amplo e público, uma acurada capacidade de memória e de oratória. Quando preceptor, o prestígio social e a proximidade com a família do estudante eram mais importantes que a apresentação de um plano extenso de matérias e conteúdos a serem estudados. Quando padre-mestre, a autoridade e o rigor docente eram seus principais aliados no ensino da disciplina e da clareza e direção comunicativa dos alunos.

Qualquer que fosse a situação – preceptor, padre-mestre ou mestre de colégio –, a partir de 1759, para lecionar, a regra mandava que o aspirante a mestre se submetesse aos exames regulares quando se tratava de uma candidatura ao cargo de mestre régio. O procedimento para realização desses exames no Brasil era comum: primeiro o aspirante deveria requerer o exame às autoridades competentes, apresentando, com esse fim, atestados que confirmassem seus cursos de primeiras letras, Retórica e da matéria a ser ensinada. José Raymundo da Silva, estudante residente no Rio de Janeiro em 1805, percorreu essa primeira etapa, como se pode depreender dos termos a seguir:

> Diz José Raymundo da Silva, natural deste bispado, que ele deseja ser remetido a ensinar a mocidade da freguesia de São João de Carahi as primeiras letras por se achar vaga a escola régia que havia na mesma, e ter o suplente todas as instruções necessárias para o seu ministério: pois além de saber ler, contar e a doutrina cristã, frequentou as aulas régias de Gramática e Retórica com a aprovação de seus mestres, como tudo faz certo pelos seus documentos, que junta e como para o referido fim se faz precisa a faculdade de V. Exa. Por isto. 27 de julho de 1805. José Raymundo da Silva.[7]

---

7 Instrução Pública 4ª Seção 13 A Classe Série 14ª Coleção de 1794 a 1804. Livro 500. Arquivo Nacional, RJ.

Anexo ao requerimento, José Raymundo apresentava um atestado do professor régio de retórica da época, Manuel da Silva Alvarenga:

> Atesto que José Raymundo, natural desta cidade, frequentou a minha aula com grande aplicação e aproveitamento, como mostrou em todos os exercícios, de que foi encarregado, e é estudioso, de seus talentos e louvável morigeração, o que atesto debaixo do juramento do meu grau. Rio de Janeiro, 4 de setembro de 1799. Manuel Ignácio da Silva Alvarenga.[8]

Uma carta de recomendação era de extrema importância porque endossava as capacidades intelectuais do futuro mestre, assim como lhe atestava caráter suficiente para que honrasse seus compromissos, o que era necessário num sistema em que havia pouca inspeção dos serviços prestados pelo mestre. Consoante, era comum apresentar mais de uma carta de recomendação que atestasse a boa conduta do candidato, considerado indicativo de grande prestígio.

Ao processo, o Diretor Geral de Instrução reunia uma frase escrita pelo requisitante, no qual ele comprovava saber ler, geralmente ditada por um dos examinadores indicados por mestres de Coimbra para efetivar os exames na colônia. Logo abaixo da frase mencionada, anotava-se uma conta, frequentemente de multiplicar ou dividir, com a qual o aspirante a mestre atestava seus conhecimentos de matemática. Vale ressaltar que a brandura dos exames era calculada pelos dirigentes como um paliativo à falta de candidatos às carreiras em questão, e mesmo quando esses professores já exerciam suas profissões, como lentes, por exemplo, novos exames mantiveram a mesma filosofia.[9]

---

8 Carta recebida em Rio de Janeiro, 23 de setembro de 1803 pela Diretoria de Instrução Pública/ Instrução Pública 4ª Seção 13 A Classe Série 14ª Coleção de 1794 a 1804. Livro 500. Arquivo Nacional, RJ.

9 Como se atesta no Ofício de José Arouche de Toledo Rondon, diretor do Curso Jurídico de São Paulo: "Posso afirmar a Vossa Excelência que os lentes se portaram com juízo prudencial, seguindo o termo médio nos exames: há

No caso dos exames de Retórica, o mestre deveria submeter-se a uma prova na qual sua memória seria testada. Ele recebia um tema sorteado pelos examinadores 48 horas antes da referida prova e preparava um discurso sobre ele, devendo recitá-lo em sessão pública. Tal discurso era chamado de tese e, como a distância impedia que muitos brasileiros concorressem ao cargo de mestre régio, determinou-se que eles poderiam enviar sua tese por escrito para Coimbra, onde ela seria examinada:

Sua majestade foi servida determinar, que daqui em diante as cadeiras de Gramática, Retórica, Filosofia e Geometria das Capitanias da América sejam providas em sujeitos hábeis e que tenham concorrido a provar a sua aptidão perante professores daquelas faculdades que V. Exma. nomear na Universidade de Coimbra e que procederão à escolher, ou por exame público ou o que seria melhor, proponho alguma questão ou Tese e das mesmas respectivas matérias que lhes houvessem de tratar, do cujo Exame resultasse o conhecimento dos superiores talentos, e luzes daquele que a houvesse escrito, e que merecesse assim ser preferido: E nesta conformidade ordena sua majestade que V. Exma. mande proceder de um modo público ao exame, e contestação de alguns sujeitos hábeis para as diferentes Cadeiras nas Capitanias da América, e que remeta depois a esta Secretaria de Estado os nomes dos candidatos felizes para serem promovidos às cadeiras que vagarem, recomendando a mesma senhoria, que se proceda pelo segundo método quanto puder ser de propor pontos sobre que se possam fazer dissertações, pois que deste modo ficará livre o concurso aos naturais do Brasil e

---

ótimos estudos! Que merecem elogios, e há alguns poucos que deveriam ser reprovados, se senão atendem as circunstância de desperdiçarem muito tempo em escrever apostilas, como já ponderei a v. exa. Acresce outro mal, que ponderei há mais tempo: é melhor evitar aos estudos as ocasiões de distrações os banindo com a reprovação. Evito que os Estatutos ainda demandem tempo precioso (solicita reprovação branda). São Paulo, 9 de (?) de 1828, José Arouche de Toledo Rondon (Diretor do Curso Jurídico)" (Arquivo Nacional, Série Educação, IE3/CX 496: Ofício de José Arouche de Toledo Rondon sobre os exames no Curso Jurídico de São Paulo).

até residentes sem serem obrigados a vir a este reino. Sua majestade espera que V. Exma. com as suas luzes, e conhecimento concorra para o estabelecimento deste sistema, que pode ser muito útil para dar professores hábeis e que promovam a educação e instrução da mocidade. D.V.N. Exam. Palácio de Queluz em 12 de maior de 1797. D. Rodrigo de Souza Coutinho.[10]

Logo, dever-se-ia enviar uma tese para análise dos mestres de Coimbra. Dessa avaliação dependia a concessão da licença para a instrução. Até que a licença fosse expedida, o mestre concursado rateava entre seus discípulos os custos do curso que oferecia. Uma vez conquistada, a cadeira de mestre régio era vitalícia; por isso alguns substitutos da matéria davam as aulas extraoficialmente até a morte do titular, quando, só então, podiam candidatar-se como opositores à vaga, também por meio de requerimento, como fez o estudante Antônio José Pitta em 1803:

> Diz Antonio José Pitta, que ele tem notícia achar-se vaga a cadeira régia de Ler, escrever e contar da freguesia de S. José desta cidade, por falecimento do sr. Manoel Ferreira, em cujo lugar deseja ser provido e porque para o conseguir precisa ser examinado.[11]

Note-se que a instrução da época não era continuada, ou seja, que os estudantes cumpriam um ou outro período letivo sem se preocupar com uma espécie de "carreira acadêmica" e que as disciplinas cursadas dependiam de seus interesses momentâneos e da oferta apresentada. Tal como o público não via nos estudos a necessidade de empenho linear, a estrutura oferecida pelo Estado, então incipiente, também não imprimia ritmo à educação. Como atentou o historiador Guilherme Pereira das Neves (1984), em sua dissertação de mestrado sobre o Seminário de Olinda, não se pode chamar essa estrutura educacional de "sistema de ensino"; tampouco, como

---

10 An. Vice-Reinado, Instrução Pública, D9, Codes/SDE CX. 496.
11 Instrução Pública. Livro 500. Arquivo Nacional, RJ.

apontou Dominique Julia (2001) em diversos estudos sobre a história da educação, se pode dizer que há um processo otimizado de escolarização da população cujo sentido é pretensamente evolutivo ou caminhe no rumo de uma maior complexidade dos conteúdos estudados.

Destarte, quando se fala de um alargamento da razão comunicativa por meio da retórica, a dimensão é reduzida: se antes da reforma de 1759 apenas os nobres eram instruídos, a partir de então haverá, oficialmente, um espaço para outras camadas da sociedade, sobretudo para aquelas pessoas dedicadas a ocupar postos administrativos num Estado em expansão, se não em *burocratização*. Fala-se aqui mais do surgimento de um discurso de democratização do que de sua concretização, o que pode ser visto, por um lado, como demagogia, e, por outro, como fomento. Caso o leitor pondere que termos como democracia e instrução pública foram forjados nessa época, terá, então, elementos para entender a importância desse tipo de discurso, que contribuiu para uma transformação considerável na sociedade ocidental que, desde então, tem na Igreja, no Estado e na Escola, e das mais populares, tradicionais e influentes instituições sociais.

A reforma pombalina da instrução fixou um sistema de ensino fragmentado, concentrado muito mais na figura do mestre do que na arquitetura escolar ou numa equipe voltada para a instrução. O mestre, que geralmente lecionava em sua própria casa, era o responsável pelo planejamento de seu curso, pela divulgação dele, pelas matrículas dos alunos e pela cobrança de sua mensalidade, pela compra dos materiais necessários à instrução. Geralmente, contava com a ajuda de alguns alunos para a transcrição do curso dado. De posse dessa transcrição, o mestre se ocupava de sua revisão e, estando o texto pronto, ele era entregue aos demais estudantes como compêndio do curso.

O trabalho do mestre era tanto formal quanto moral, exercido pela imposição de uma disciplina à conduta do aluno. Na metrópole, observou-se a eleição desses mestres com uma rigidez por vezes radical, mas, nas colônias, como o Brasil, dada a escassez de profissionais especializados, a nomeação como mestre régio era simples.

RETÓRICA À MODA BRASILEIRA   83

Devemos ressaltar que boa parte dos padres-mestres do Brasil era composta por missionários portugueses, primeiro jesuítas e, depois, franciscanos; ao passo que foi comum a adoção de planos de ensino lusitanos para conferir método aos estudos. No que diz respeito à Retórica, a principal lição desses planos de estudo era a de que o discípulo deveria estar apto a ordenar, classificar e verificar a utilidade de seus conhecimentos. Em segundo lugar, deve-se observar que os planos de ensino de grandes colégios apresentam um esforço no sentido de equalizar as condições de instrução, se não no sistema de ensino, o que demonstra uma das origens daquela preocupação com a coletividade e com a opinião pública que tanto iria se acentuar nos anos subsequentes.

O mestre de Retórica da época era, pois, aquele homem cujo espelho refletia autoridade, distinção e erudição. Em sala de aula esse mestre era respaldado apenas por sua memória, apresentando um modelo de comportamento pela força de seu exemplo. Esse mestre ainda distinguia seus discípulos segundo sua conduta, seu empenho, sua origem. Ensinava seus alunos pela palavra falada. Atendia um por vez em suas dúvidas e o exercício resolvido servia como mote para esse esclarecimento. A instrução partia, pois, do cumprimento das tarefas, do sentido de dever, da correção dos erros e da cópia dos exemplos, cujo principal bastião era o próprio mestre, um dependente incontestável do poder sedutor de sua voz e de seu discurso.

Entre os precursores do ensino privado na América portuguesa estiveram os estrangeiros. Consoante, é verdade que a transferência da corte povoou a cidade de professores europeus de línguas, contas e ofícios, pelos mais variados preços, mas é preciso notar que muitos deles não possuíam os conhecimentos oferecidos e que, por conseguinte, muitos foram os brasileiros diplomados no arremedo. Dentre os mestres estrangeiros, muitos eram "emigrados do tempo da revolução" (Renault, 1969, p.57), o que significa dizer que sua cultura nem sempre era oriunda de uma instrução formal, tampouco seus métodos eram conservadores. É interessante notar ainda como, num lugar onde não se tinha uma noção exata de que tipo de conhecimento deveria ser adquirido ou mesmo de como deveria ser avaliado seu mediador, a figura do padre-mestre, com a qual até então se tinha contato, serviu como modelo para a aceitação deste ou daquele tipo de instrutor.

Típico exemplo do mestre régio da época foi Manuel Inácio da Silva Alvarenga, nascido em Vila Rica, no ano de 1749, falecendo no Rio de Janeiro, em 1814. Filho do mulato Inácio da Silva Alvarenga, Manuel foi para o Rio de Janeiro estudar e, feitos os cursos preparatórios, seguiu para Coimbra, onde se bacharelou em Direito Canônico, aos 27 anos de idade. Durante o governo do vice-rei Luís de Vasconcelos e Sousa, o *onça*, Alvarenga foi nomeado professor régio de uma aula de Retórica e Poética inaugurada em 1782 e, em 1786, com outros doutos do período, fundou a Sociedade Literária. Esteve preso durante dois anos por causa de suas atividades nessa sociedade, mas, quando solto, voltou a lecionar. Em 1814, colaborou ainda na revista literária *O Patriota* – como homem de letras, nada mais natural que a participação numa sociedade literária e a colaboração numa revista do mesmo gênero.

Ao longo de uma carreira de trinta anos como professor, Manuel da Silva Alvarenga acumulou muitos livros: 1.576 volumes, 687 de Direito e 889 de obras gerais. Diderot, Fénelon, La Rochefoucauld, Marmotel e Chateaubriand eram alguns dos autores desses livros. Havia ainda um *Compêndio de riqueza das nações*, de Adam Smith, publicado no Rio de Janeiro em 1811 e traduzido por Bento da Silva Lisboa, filho do visconde de Cairu, em seu acervo (Morais, 1979). Do mesmo modo, muitos foram seus discípulos: o cônego da Capela Real Januário da Cunha Barbosa, o pregador real frei Francisco do Monte Alverne, o deputado Antônio Carlos Ribeiro de Andrada e Silva, entre muitos outros notáveis da época; de modo que, estando no Rio de Janeiro e querendo ser universitário em Coimbra, ter aulas com Alvarenga era praticamente incontornável, pois ele foi o único mestre régio de Retórica do Rio de Janeiro entre as duas últimas décadas do século XVIII e a primeira do XIX.

Alvarenga era poeta, famoso pela publicação, em 1799, do poema *Glaura*, mas em prosa não se dedicou a escrever mais do que ensaios sobre a literatura, publicados em periódicos da época. Tampouco possuía compêndios e tratados de retórica; contudo, era dono de muitos volumes de Cícero, Quintiliano e Horácio, os autores mais recomendados para a matéria. Alvarenga não alfabetizava seus discípulos, ele os preparava para o exame de Coimbra, ensinava a uma qualidade de estudantes que estava preocupada com uma carreira profissional. O nível de seus ensinamentos deveria, pois, ser simétrico às exigências de Coimbra, e Alvarenga era conhecido pelo esmero no desempenho dessa tarefa. A maioria dos professores, contudo, não tinha o privilégio de lecionar para alunos como os de Manuel Inácio da Silva Alvarenga.

Muitos, aliás, eram os sofrimentos dos mestres no Brasil de então, tal como se pode depreender de alguns documentos relativos à carreira docente do frei Miguel do Sacremento Lopes Gama. Mais conhecido pela edição do jornal *O Carapuceiro*, Miguel do Sacremento Lopes, monge beneditino, tornou-se pregador imperial em 1817 e mestre de Retórica e Poética no Seminário de Olinda em 26 de setembro de 1817.

Desde 19 de agosto de 1799, o provimento das cadeiras de instrução régia passara da tutela do Tribunal da Comissão Civil, extinto em 1794, para os vice-reis e demais governadores gerais, além dos bispos. Não obstante, quando Sacremento Lopes foi nomeado oficialmente para a cadeira de retórica, já lecionava a disciplina havia quatro anos, com provimento do capitão general Luis do Rego Barreto e do vigário capitular. Em 20 de maio de 1825, solicitou, via requerimento, ou a transferência da cadeira de Retórica para o bairro da boa vista ou a transferência da cadeira de Retórica para a de Filosofia Moral, que seria exercida no Recife. O carapuceiro justificava essa solicitação pela necessidade de sustentar seu pai doente de 80 anos, uma irmã viúva com duas filhas e uma outra irmã já em idade avançada e sem casamento. Segundo Lopes, essa transferência permitiria a reunião de todos os membros da família numa única casa, reduzindo os gastos com seu sustento e o seu próprio desgaste no cuidado de todos.

Sobre as moléstias de Sacremento Lopes, que desde 1830 comprometeram seu trabalho, são muitos os pareceres. José Eustáquio

86   MARIA RENATA DA CRUZ DURAN

Gomes, médico pela Universidade de Estocolmo, atesta, em 1830, que Sacramento Lopes tinha gastrite crônica, o que lhe provocava mal-estares nervosos. João J. Pinto, por sua vez, atestou em 1833, que Sacramento Lopes tinha ataques de asma e inflamação crônica dos brônquios. Joaquim Geronimo Serpa, cirurgião reformado, acrescenta ainda que esses males causavam graves dores de cabeça que, por sua vez, provocavam "vertigens tenebrosas".

Em decorrência desses infortúnios, foram muitas as licenças de Sacramento Lopes, o que, em 1840, levou-o a duvidar que ainda fosse encarregado do cargo de mestre régio. Para confirmar esse posto, em 1840, Sacramento Lopes encaminhou um requerimento no qual solicitava às autoridades competentes um certificado de que era mesmo mestre régio de Retórica. Esse documento foi expedido com a assinatura de Manuel Paulo Quintela, oficial maior que, junto ao bispo local, respondia pelo sistema de instrução pública desde a instauração do sistema de aulas públicas. O parecer foi positivo e, diante desse, Sacramento Lopes se sentiu autorizado a encaminhar um pedido de aposentadoria, no qual assinalou:

> Diz o Padre Miguel do Sacramento Lopes Gama, mestre de retórica da Academia de Ciências Sociais de Olinda, que ele tem exercido este magistério há mais de 22 anos com inteiro desempenho de seus deveres, começando por ensinar no Seminário de mesma cidade donde foi transferida esta cadeira para a referida academia na época da sua fundação. O suplementar excusa alegar outros serviços, como os que prestara à Independência com seus escritos e os do estabelecimento de um Liceu na cidade do Recife, de que fora diretor e a que dera estatutos; porque entende, que não precisa outros serviços mais do que os prestados no ensino público desde 1817, como prova para o documento junto, para merecer a sua jubilação. Portanto, por vossa Majestade imperial, que em atenção aos seus bons serviços haja por bem jubilado com o ordenado que atualmente percebe.[12]

---

12 BN, Seção de Manuscritos, Gama, Documento 7, assinado por Felipe Nunes Ferreira.

O salário de Sacramento Lopes era de 600 réis anuais, mas esse não foi o único pedido do frade naquela ocasião. Sacramento Lopes solicitava ao governador a publicação de suas *Lições de eloquência nacional*. O pedido foi encaminhado concomitantemente a um convite, feito em 30 de julho de 1844, esse destinado ao imperador D. Pedro II, no qual se podia ler:

> Por vinte e três anos foi o suplicante professor público de retórica e belas letras, primeiro no seminário e ultimamente no colégio das artes do curso jurídico de Olinda, mas a experiência lhe mostrou, que a mocidade brasileira pouco ou nenhum proveito colhia de uma disciplina cuja parte essencial (a elocução) fora composta por Cícero, Quintiliano e para os que falavam a Língua Latina, e não para portugueses seguramente. Sendo chamado para dar Lições de Eloquência Nacional no Liceu desta cidade, teve de formular o seu compêndio e convencido das vantagens que a mocidade pode tirar do estudo metódico desta cadeira nova entre nós, assentou o suplicante, que algum serviço, posto que tênue, faria à sua pátria, publicando as suas Lições de Eloquência Nacional. (Lopes, 1844, p.1)

Para Sacramento Lopes, portanto, os serviços de docência, desdobrados no trabalho literário de compor um compêndio acerca da disciplina ministrada, constituíam um serviço dedicado à pátria à custa de sua própria saúde, o que deveria ser, de alguma maneira, indenizado pelo Estado, haja vista que tais esforços não haviam sido convertidos em lucros pessoais. A missão civilizatória empreendida pelos mestres era realizada à custa do Estado, embora com prejuízo dos próprios mestres, que acreditavam não ser remunerados de acordo com sua importância, daí uma certa tendência à lamentação que, reforçada pelo caráter religioso do ministério da instrução, marcou o discurso de muitos mestres da época, como pudemos observar nos documentos redigidos por Sacramento Lopes Gama.

De um modo geral, o trabalho dos mestres era penoso, porque, além das condições limitadas de trabalho, da baixa remuneração e do pouco reconhecimento público, os alunos não possuíam meios de estudar em suas próprias casas e eram poucos os livros e cadernos. Não havia como ensinar conhecimentos por vezes considerados avançados, simplesmente porque o analfabetismo era um empecilho ao avanço das ciências. Nos quartéis, por exemplo, o tenente Casimiro José Pinto, designado professor de geometria dos oficiais militares na corte, anotava que não havia material para o ensino dos rapazes, bem como não havia leitores para esses materiais. Para o tenente, o professor empenhado na instrução dos brasileiros deveria estar consciente do tipo de estorvo que iria enfrentar: "ensinar Geometria a Rapazes, que não sabiam ler, nem escrever, nem contar", incentivados pelo "insignificante ordenado de 144 mil réis por ano!!!". Segundo o correspondente do jornal *Revérbero Constitucional Fluminense*, o problema prolongar-se-ia ainda por alguns anos:

> Entrou com efeito o novo Professor na sua tarefa, isto é, a ensinar Aprendizes de diversas Oficinas, a maior parte dos quais não sabiam ler, escrever nem contar: já não existia no Arsenal o Cabo de Esquadra d'Artilaria, não havia tratados elementares de Geometria, à exceção do Folheto do Tenente Casimiro José Pinto, que não podia por todos ser distribuído. [...] procuram-se coleções de exemplares nas melhores lojas desta Corte, e não foi possível encontrar, senão Figuras, Paisagens, Flores e alguma Folhagem solta. (*Revérbero Constitucional Fluminense*, n.6, p.80. Rio de Janeiro, 25 de junho de 1822)

Se compararmos os alunos e as condições das aulas de Alvarenga e Gama com as de Pinto, iremos perceber que afirmar a escassez dos estudos no Brasil não significa dizer que, dentre os poucos que havia, todos tivessem conhecimentos limitados. Havia, sim, grupos distintos de mestres e, por conseguinte, de estudantes. Primeiro, havia um grande número de pessoas que tomavam aulas apenas de primeiras letras e Matemática. Depois, aqueles cujo interesse eram ofícios industriosos como a marcenaria, para o que aprendiam Geometria, Desenho etc. Havia, ainda, aqueles que pretendiam ocupar cargos na administração pública local, sem, todavia, aspirar altas

RETÓRICA À MODA BRASILEIRA   89

patentes; esses, acostumados a cumprir todas as atividades previstas nos estudos menores, acompanhavam até o curso de Filosofia.

Finalmente, havia aqueles que aspiravam a cargos de maiores ganhos e importâncias; para esses, Coimbra era o horizonte, e os estudos de retórica eram desempenhados com maior afinco. Note-se, que quanto maior o investimento, maior a expectativa de retorno e menor o grupo que se dedicava a ele.

Ainda assim, longe da capital, alguns estudantes desdobravam-se para prosseguir sua carreira acadêmica. Para Francisco Inácio Marcondes Homem de Melo (apud Gurgel, 1871, p.IX), formado no curso paulista de Direito, "Alguns dos varões notáveis desse tempo ficarão na penumbra provincial, retraídos uns pela modéstia de seu caráter, outros pelo incompleto de sua educação literária". Na opinião de Homem de Melo, Manuel Joaquim do Amaral Gurgel era um desses homens que obtiveram extensa instrução no que diz respeito às letras, sempre à custa de muito esforço – como, apesar disso, era comum na época, ainda que se fale de uma camada privilegiada da sociedade. Até 1807, Gurgel aprendeu as primeiras letras com seu tio José Leocárdo e foi matricular-se na aula de Latim de André da Silva Gomes. Em 1811, foi dedicar-se à Teologia Dogmática e moral no curso regular que então se abrira no Convento do Carmo, sob a direção de Antônio do Bom Despacho Macedo. Teve aulas com Monte Alverne em 1813, no curso aberto pelo Convento de São Francisco, onde estudou três anos de Filosofia e defendeu suas conclusões de Lógica e Ética em 1816. Concluiu essa etapa de estudos no Rio de Janeiro, quando Monte Alverne se mudou para lá.

Com o coronel de engenheiros Daniel Pedro Muller, Gurgel estudou Francês e, em 1817, estudou Teologia com o padre mestre frei José de Santa Eufrásia Peres, "de quem obteve honrosos atestados de assinalado aproveitamento e aptidão, e voltou a rever o curso de filosofia com o conhecido professor padre-mestre Francisco de Paula e Oliveira" (Gurgel, 1871, p.11). Prosseguiu ainda seus estudos filosóficos pelas lições do Andrada mais moço, Martim Francisco, e em 3 de setembro de 1817 recebeu a ordem de presbítero. Em 15 de março de 1820, começou a lecionar na cadeira de

90 MARIA RENATA DA CRUZ DURAN

Exegética e de História Eclesiástica em São Paulo, e em 1821, foi designado para o cargo de examinador sinodal do bispado. Aos 35 anos formou-se em Direito no curso aberto em São Paulo; defendendo sua tese ao arguidor Baltasar da Silva Lisboa, obteve então título de doutor, *por este sábio concedido.* Em 1833, começou a lecionar as aulas de Direito Constitucional no curso de Pernambuco e, em 1848, foi nomeado diretor interino da academia de Olinda, efetivando-se como tal em 1857.

O estudante brasileiro dessa época deveria ter a mobilidade de Gurgel para acompanhar os bons mestres, que eram poucos; e flexibilidade para dedicar-se às oportunidades que aparecessem. Uma vez que optasse por estudar, o homem de letras deveria possuir certa autonomia para traçar seu próprio plano de estudos e dispor-se a buscar o conhecimento onde quer que ele estivesse. Nesse sentido, costumou-se assinalar que o homem de letras no Brasil era um homem sem família, disposto a estar onde se encontrasse emprego, tal como se pode conferir nos anúncios dos jornais da época: ·

Precisa-se de um homem sem família e que esteja na circunstância de ir para a vila de Resende ensinar Gramática portuguesa e latina, quem se achar nestas circunstâncias dirija-se à casa no. 80, rua da Quitanda indo para a da Cadeia à esquerda, para se fazer o ajuste. (*Jornal de Anúncios*, 1821, n. 2 12/05/1821, p.2)

É certo que a maioria dos cursos, museus e bibliotecas se concentrava na capital, mas também é certo que os mestres da capital, por serem padres ou estrangeiros, viviam em circulação para atender ou procurar seus rebanhos e riquezas. Essa circulação, contudo, era limitada quando se tratava de um letrado mais afamado. Nesse caso, a imobilidade imperava, não sem causar seus danos, conforme denunciaria Aguiar (1862, p.81):

Um literato ou estadista brasileiro encerra-se no seu gabinete, o movimento físico lhe é obnóscio, vê com os próprios olhos, quando muito, apenas aquela pequeníssima porção do mundo, que se estende entre a sua morada, e uma das duas casas do parlamento, ou entre aquela, e alguma academia na qual leciona, ou a repartição pública a que pertence e, quase nada mais: tem uma aversão invencível à locomoção, e no seu gabinete rodeia-se invariavelmente dos seus idólatras.

Uma vez alocado no serviço público, o letrado brasileiro que era considerado sábio acostumava-se à imobilidade e poucas vezes atentava para uma formação continuada ou mesmo para a própria socialização; acreditava que os pares, sempre menos graduados que ele, não poderiam acrescentar mais nada ao seu conhecimento. Sua distinção era garantida pela supremacia de uma única graduação e elevada pelos postos nobiliárquicos ou burocráticos que galgava, não mais pelo prosseguimento nos estudos. Formava-se um séquito em torno dele, a autoridade desse letrado, inquestionável como a de um mestre – que geralmente era –, afirmava-se pela ignorância dos que acompanhavam seus discursos.

Se os estudantes podiam contar com poucos mestres e os mestres deviam dar conta de muitos cursos, também era restrita a profundidade dos estudos; portanto, a formação do literato na América portuguesa foi generalista e sem muita direção, o que, para os homens cultos da época, era denominada como erudição. Essa "erudição" foi marcada, ainda, por outra característica decorrente tanto dessa mobilidade territorial, quanto do reduzido número de mestres. Como o conhecimento era privilégio de poucos, a ideia de debate intelectual era estranha na época, se não inexistente. Para Lord Beckford, por exemplo, essa falta de interlocutor provocava um comportamento peculiar àqueles que possuíam um saber um pouco mais avantajado:

As pessoas de alta categoria, não tendo quem as contradiga, discorrem indefinidamente. De vez em quando julgais que estão exaustas, mas é uma esperança vã. De quando em quando, na verdade, para apresentar mais variedade, elas contradizem-se a si próprias, e então a polêmica é ventilada de si para si, com

92   MARIA RENATA DA CRUZ DURAN

desesperação dos seus submissos ouvintes, que sem terem o crime de uma palavra na réplica são envolvidos na mesma penalidade como o mais capcioso arguente. (Beckford apud Braga, 1892, p.110/1, t.III)

Como D. José I, o mestre e o estudante brasileiro eram homens solitários, antes de tudo: poucas vezes tiveram quem criticasse seus conhecimentos ou sua fala, se não pela família, posição social, aliados ou postura política, e, nesses casos, a crítica foi chamada de calúnia, denúncia, difamação; enfim, poucas vezes ela foi vista com bons olhos. Para mais, estudantes de Retórica que eram, viam na crítica um meio de diminuir o outro para elevar-se em relação a ele. A crítica, assim como os critérios de avaliação das ideias de cada indivíduo, estavam antes vinculadas à etiqueta, mais acessível ao público, e, depois, à ética, tema atendido pela Filosofia, cujo estudo era consecutivo ao da Retórica. O conhecimento do estudante brasileiro era avaliado pelo talento eloquente, jamais pelas contradições do próprio pensamento apresentado que, na maior parte das vezes, sequer estava em questão.

Além da eloquência, se não como parte dela própria, levava-se em consideração o esforço empregado para o estudo e as dificuldades enfrentadas pelo estudante como prova de sua sabedoria. Numa época e num lugar em que a instrução era uma tarefa hercúlea, quanto maiores fossem as privações em prol do saber, mais digna de nota era sua sabedoria e, assim, o mestre e o estudante locais acostumaram-se a carregar nas tintas do sofrimento como forma de comprovar a legitimidade do conhecimento adquirido.

Antes de 1808, como se viu, os brasileiros ricos já estudavam com certa frequência. Depois disso, alguns rapazes cujas posses não eram grandes ao ponto de sustentá-los em Coimbra, nem tão pequenas que não pudessem pagar um mestre particular, começaram também a estudar. O crescimento da instrução fluminense no início do século XIX gerou, pois, uma nova camada social, nem rica, nem pobre, mas instruída. Ao passo que essa leva de estudantes formava-se e novas gerações afirmavam o lugar social desse tipo de gente, a eloquência, antiga conhecida da população fluminense, contribuía para que os letrados inventassem uma forma de ser e um lugar para estar. O emprego público foi uma das saídas mais recorrentes, porque, tanto como mestres quanto como burocratas, as especificidades de seus conhecimentos cabiam nessas ocupações como luvas: além de implementar toda uma rede administrativa e instrutiva no Rio de Janeiro do início do século XIX, também se comunicou, utilizando a eloquência, o que o povo deveria fazer quando quisesse contribuir para a prosperidade de todos. Há de observar que, em meados de 1820, a situação começava a mudar. Com a fundação de uma Assembleia Legislativa e com a independência do país, estabelecer uma unidade instrutiva e saber qual era, ao todo, o número de escolas e mestres no país tornou-se necessário. Por esse motivo, em 1823, José Bonifácio de Andrada e Silva solicitava à Mesa do Desembargo do Paço um relatório circunstanciado sobre o número de aulas, escolas e demais estabelecimentos relativos à instrução, assim como o número de discípulos atendidos, os mestres que ministravam tais cursos e os tipos de curso por eles lecionados. Tal solicitação atendia a um pedido da Assembleia que, para legislar sobre a instrução, precisava de informações acerca de seu estado. Nessa oportunidade, José da Silva Leitão, servidor público, informava que não poderia se referir aos territórios que estavam além do Rio de Janeiro, porque eles não se achavam sob a jurisdição da mesma Diretoria Geral de Instrução:

> Não posso dar informação das cadeiras de outras repartições literárias, estabelecidas nesta corte, porque tem inspeções privativas, igualmente não posso dar das que se acham fora dela, porque se não acham expressamente compreendidas na Diretoria Geral, nem até agora baixaram as Instruções que tenho suplicando a esse respeito, nem há estilo de requererem aos respectivos professores e mestres, registro na mesma diretoria das provisões que se lhes expedem, bem que eu dê informações aos requerimentos relativos, quando vossa majestade imperial. Há por bem de assim o mandar por esta mesa ou pela dita secretaria de estado. Vossa Majestade Imperial porém mandará o que for justo. (Leitão, 1823, p.1)

Nessa *Relação das aulas, escolas de professores públicos pagos pelo Tesouro Nacional e bem dos estabelecimentos que estão sob a inspeção da diretoria dos estudos desta corte,* que serviu de resposta ao pedido de José Bonifácio, escrita em 1823 por José da Silva Leitão, quando se fala numa educação pública brasileira de certo modo ainda contígua à instrução lusitana, fala-se somente na instrução fluminense, referência que respeitamos em nosso texto.

Ainda nessa relação foram elencadas as seguintes disciplinas e seus mestres:

Disciplina	Mestre	Substituto
Filosofia Racional e Moral	Padre Inácio José da Cunha	Padre Joaquim da Soledade
Retórica	João José Vahia	Sem substitutos
Língua Latina	Frei Custódio de Faria	Padre Pedro Bandeira Gouvêa
Gramática Latina	Padre Luís Antônio de Souza	João Alves de Sousa
Gramática Latina	João Batista Soares dos Santos	Agostinho Lore
Língua Inglesa	Guilherme Paulo Tilbury	Sem substitutos
Língua Francesa	Luís Carlos Tranch, ou Franch	Sem substitutos
Desenho	Manuel Dias de Oliveira	Sem substitutos

Nas escolas de primeiras letras o organograma era o seguinte:

Luís Antônio da Silva	• Freguesia de São José
Luís Joaquim Varela da Franca	• Freguesia de Candelária
Padre BentoFernandes Furtado	• Freguesia da Sé
Venâncio José da Costa	• Freguesia de Santa Rita
José Simão da Fonseca	• Freguesia de Santana

RETÓRICA À MODA BRASILEIRA   95

Como mestre do Ensino Mútuo, havia Nicolau Diniz José Raimundo. Na cadeira de Economia Política lecionava José da Silva Lisboa. Havia ainda aulas de Mineralogia, Zoologia e Botânica, assim como os cursos oferecidos na Academia Militar.[13] Nessa oportunidade também foi informado que o Tesouro Nacional arcava com os honorários de um responsável pela inspeção da diretoria dos estudos. Havia, segundo esse relatório, 22 funcionários envolvidos com a instrução pública no Rio de Janeiro do início do Oitocentos.

O currículo básico do estudante fluminense desse período era composto por cinco ou seis disciplinas: Gramática Latina, Retórica, Filosofia, Geometria, Teologia Especulativa e Teologia Prática, como no Seminário de Olinda; ou Gramática Latina, Retórica, Filosofia, Teologia e Direito Natural, ministradas no Convento São Francisco de Assis. Nesse colégio, os estudos de retórica eram supervisionados pelo frei Alexandre de São José, e sua cadeira ocupada pelo pregador real frei Francisco Sampaio, que havia estudado a disciplina com o também pregador real, o famoso frei São Carlos, autor do poema *d'Assunção*. A Retórica era ensinada ao longo de todos os três ou quatro anos de formação, tanto em Olinda quanto em São Paulo e no Rio de Janeiro.

---

13 Nesta última, havia um total de 298 estudantes matriculados no curso de Matemática oferecido pela Academia Militar entre 1825 e 1830. Desses, 140 eram naturais do Rio de Janeiro e 21, algo em torno de 7%, eram naturais de Portugal, o que representa uma porcentagem maior de estudantes portugueses na Academia Militar do Rio de Janeiro que de brasileiros na Universidade de Coimbra entre 1819 e 1820. Além disso, deve-se notar que 81 estudantes eram paisanos e 154 eram do exército. Quanto à idade, o mais novo tinha 12 anos e o mais velho, 35 (Arquivo Nacional, IE 3, Curso Matemático da Academia Imperial Militar). Havia estudantes em Coimbra também, entre 1819 e 1820, a Universidade de Coimbra possuía 1.460 discípulos, sendo que 5,5% eram brasileiros, num total de 86 estudantes. Destes, quarenta eram baianos, catorze, pernambucanos, onze, mineiros, dez, maranhenses, nove, do Grão-Pará, sete, do Rio de Janeiro – sendo um deles de Goitacazes –, um paulista, um mato-grossense, um goiano e um natural de Porto Alegre (Relação e Índice Alfabético dos Estudantes, Matriculados na Universidade de Coimbra no ano Letivo de 1819 para 1820). Note-se que estes são os dados relativos à instrução pública.

Nos programas de ensino dessas instituições predominava o estudo das obras de Cícero, segundo as sínteses publicadas em manuais e compêndios. A maior parte das muitas provas e cerimônias era realizada com sucessivas declamações de longas peças desse tipo de literatura, onde a postura e a memória de seu orador eram avaliadas, servindo o aplauso do público, sua comoção, como base para o julgamento das habilidades do orador, se não do estudante. O ornamento do discurso garantia a distinção dos oradores segundo a classe, profissão ou as intenções – recurso notadamente vinculado ao nível de conhecimento e habilidades do orador em relação às partes que compunham a arte retórica, baseada na observação dos oradores eloquentes. Foi assim que, no Brasil, preferiu-se estudar a Eloquência em vez da Retórica, seja porque ela não exigia tantos livros, seja porque sua forma de estudo, ouvindo e falando, era mais adequada à disciplina do estudante do país. A natureza do orador brasileiro leigo no início do século XIX é, pois, a de um estudante, ao mesmo tempo privilegiado por seus conhecimentos e privado dos prazeres da Terra; é a de um futuro funcionário público, hábil com as palavras, especialista na área burocrática, com bons contatos e uma diminuta necessidade de comprovar seus conhecimentos mediante esforços produtivos – dado que seu grau de estudo o habilitava ao cargo ocupado –; é a de um estudante desprendido, que se dispõe a acompanhar os cursos onde quer que eles se ofereçam e, ao mesmo tempo, de um intelectual imóvel, para quem um cargo público já era o suficiente para legitimar sua posição; é a de um sábio solitário, pouco acostumado às críticas e ao diálogo.

Mesmo nessa época, o ânimo dos discípulos era agitado justamente por meio de atitudes que faziam lembrar, e muito, a instrução jesuíta e que essa forma de instigar o estudante ao esforço da razão teve uma durabilidade que alcançaria os idos de 1830, quando a Escola da Sociedade de Instrução Elementar do Rio de Janeiro, por exemplo, recompensava seus alunos da seguinte maneira: 1ª) A predeterminação dos lugares; 2ª) A participação aos pais; 3ª) O espargimento de flores; 4ª) A publicação do nome no mapa estatístico; 5ª) O acesso às classes superiores; 6ª) As vivas escolásticas.

Essas recompensas eram recebidas por aqueles que se saíssem bem no exame de leitura, que deveria ser feito a partir ou de um capítulo da História de Simão de Nantua, mercador de feiras, ou de uma ode de Poesias Sacras do padre Antonio Pereira de Souza Caldas, renomado orador da época. Todas as recompensas eram públicas e a terceira e quarta recompensas contavam com o testemunho dos alunos de todas as seis turmas da escola. O ovacionamento era geral e seu motivo era a leitura de um texto em voz alta, requisito para o ingresso nas aulas de Retórica. Consoante, embora saber o conteúdo de matérias como a Geometria ou a Filosofia fosse importante, só a Retórica trazia fama ao estudante, assim como era com vistas nela que os castigos eram prescritos:

1ª) O estado simultâneo de silêncio e imobilidade, por mais ou menos tempo de sentados ou de pé, na classe ou fora dela, 2ª) A participação aos pais das faltas cometidas, 3ª) A repreensão pública, 4ª) A despedida da escola. Estas punições eram implementadas pelo mestre no caso de o discente cometer as seguintes faltas: 1°) Inatenção própria e travessuras, 2ª) Inatenção causada dos outros por travessuras próprias, 3ª) Inobediência e indisciplina. Regulamento da Escola da Sociedade de Instrução Elementar em 1° de março de 1834.[14]

Como se pode notar, tal é a importância da fala para a comunicação, a reputação etc. que todos os castigos se remetem a ela.

O sucesso do estudante luso-brasileiro, nesse sistema de ensino, dependia sim de muito estudo e disciplina, afinal não era fácil decorar longos trechos de textos da história de um mundo que, muitas vezes, não se conhecia sequer por meio de litografias, e, ainda, cruzar essas informações com a instrução de pensadores como Cícero ou Quintiliano para produzir uma argumentação que contentasse plateias que, na maioria das vezes, eram bem diversificadas. Do

---

14 José de Castro Azevedo – diretor. Arquivo Nacional, Série Educação, IE 3, CX. 496.

mesmo modo, não era fácil pronunciar *de memória* o longo trecho de uma peça oratória, como aquelas escritas pelo pregador régio Souza Caldas. Das duas maneiras, o estudante deveria ter conhecimentos e sagacidade o bastante para saber conduzir seu público aos fins pré--estabelecidos. Uma vez conquistado, esse sucesso era envaidecedor. As atenções de todos voltavam-se para o bem falante pensador, flores lhe cobriam a cabeça, vivas anunciavam seu nome, os colegas compartilhavam sua bem-aventurança, sendo obrigados a participar dessas homenagens. Enfim, o estudante experimentava a glória, e uma vez acostumado a esse afeto, poucas vezes deixou de desejá-lo, por isso o mestre de Retórica foi tão importante. Basta lembrar que o mestre de Retórica servia como um parâmetro do tipo de ação que podia conduzir à glória. Era o mestre de Retórica um publicista, um chamariz para os encantos desse saber cuja necessidade foi expressa em 1759 pela reforma nos estudos menores.

Mestres ou discípulos, os estudantes fluminenses do final do século XVIII e início do XIX estiveram muito próximos um do outro, isso porque não havia uma estrutura escolar complexa a ponto de distanciar essas figuras, se não pela força da autoridade do mestre que se distinguia em prol de uma suposta manutenção da ordem. Quando preceptores, manteriam uma relação praticamente familiar com seus discípulos não fosse a recorrente diferença social que os distanciava. Uma vez em grandes colégios como os franciscanos ou a Escola de Instrução Elementar do Rio de Janeiro, os mestres viam sua liberdade limitada, mas também suas atividades facilitadas pela colaboração de inspetores, diretores etc. Se padres-mestres, encaravam na instrução um dos aspectos de sua vocação religiosa e por isso exerceram a profissão como uma missão. De uma ou outra maneira, sofriam com limitações orçamentárias, viam em sua atividade um bem comum, procuravam oferecer saídas para a falta de livros na instrução. Por atuar na docência de maneira secundária, a maioria dos mestres de Retórica não se reconhecia em uma corporação de ofício específica, o que dificultava a unidade do grupo para qualquer tipo de reivindicação, como manter turmas de alunos conforme o nível de seus conhecimentos. Nesse sentido, a seriação das turmas,

RETÓRICA À MODA BRASILEIRA   99

a publicação dos compêndios pelo Estado, a aquisição de materiais de trabalho (como lápis e papel), a remuneração mínima, todos esses aspectos que hoje em dia parecem óbvios eram muito incipientes, dispersos e ainda descontinuados. Não porque fossem novidade, há indícios, por exemplo, de que o Método Lancaster,[15] propalado por D. Pedro I como a solução para o analfabetismo brasileiro, era uma cópia do método dos decuriões desenvolvido pelos jesuítas; mas porque a transição de um ensino sob a tutela religiosa para a tutela do Estado gerou um interstício, necessário para que o Estado absorvesse a demanda burocrática da instrução, em que a bravura e a persistência dos mestres foi essencial para a manutenção de alguma instrução.

Para os pupilos, a concorrência aumentava na proporção dos colegas de turma, mas o nível de exigência era maior quando as aulas eram exclusivas. Como eram poucos os discentes capazes de arcar com a exclusividade, grande foi a concorrência entre os estudantes fluminenses. Da primeira leva de pupilos instruídos no tempo das aulas régias, alguns se tornaram professores e muitos se dignaram à tarefa de divulgar seus conhecimentos, assumindo, com o jornalismo, a missão civilizatória propalada por seus mestres de uma maneira muito mais ambiciosa: utilizando o potencial da reprodutibilidade técnica contido na imprensa.

Antes de nos debruçarmos sobre a retórica divulgada por essa geração nos periódicos literários dos primeiros anos do Oitocentos, convidamos o leitor a passar os olhos sobre os compêndios e manuais de Retórica que ditaram as regras seguidas na época, assinalando, como os personagens em questão, que "se não [conseguirmos] a satisfação de agradar [teremos], o prazer de evitar [seu] fastio" (*O Patriota*, Terceira Subscrição, n.1, jan.-fev. 1814, p.63).

---

15 Método de ensino pelo qual um professor orientava 10 monitores, destacados entre os melhores alunos, para acompanhar turmas separadas, nas salas de aula, conforme seu nível de desempenho nas tarefas apresentadas (Almanaque do Rio de Janeiro para o ano de 1824., 1968, v.278., jan./mar.).

3
COMPÊNDIOS E MANUAIS

"Bem sei que tudo o que digo/ São coisas muito sabidas:
Se julgo acaso ser útil/ É pelas dar reunidas."

(Luis Rafael Soye, *Manual dos deputados*, 1822, p.v)

Teófilo Braga (1892) não foi o único autor a ver na industrialização da tipografia uma das principais transformações promovidas na educação do final do século XVIII. Segundo esses autores, o aumento do número de livros no mercado impulsionou a transmissão das ideias por meio da escrita e valorizou a prática da leitura. Para mais, o desenvolvimento da tipografia contribuiu para a substituição gradual da eloquência do orador pelo estilo do escritor. Nesse grupo se localiza o autor anônimo de *O verdadeiro pregador do século XVIII*, para quem:

João Guttemberg de Strasburg, descobrindo [...] a engenhosa arte de imprimir achou o segredo, e com ele a invenção mais bela do espírito humano. A descoberta do novo mundo não foi tão útil ao governo político das nações, como tinha sido esta na precisa restauração das ciências. (*O verdadeiro pregador do século XVIII*, 1798, p.17)

No reino português, a inovação foi inaugurada por meio de obras que ficaram conhecidas como compêndios que, segundo Braga (1892), no século XVIII, possuíam uma redação categórica e lacônica, suprimindo a atividade intelectual dos mestres por uma autoridade vinculada à disciplina e à memória, em detrimento do "engenho". Dispensava-se a erudição dos mestres e a invenção dos discípulos, uma vez que tudo que o mestre precisava ensinar estava contido no compêndio, e tudo o que o discípulo precisava fazer era ali prescrito, não havendo espaço para a engenhosidade. O objetivo dessa nova forma de transmitir o saber, ainda conforme Braga, era difundir a educação entre os populares, norteando sua prática por meio de um tipo de obra cujo custo era baixo e o conteúdo, simples.

Dada a facilidade do acesso a esse tipo de obra, houve uma relativa difusão de seus títulos do final do século XVIII ao início do XIX, constituindo uma importante ferramenta tanto para a divulgação de uma cultura letrada quanto para a criação de um público leitor que, no Brasil, estava acostumado às aulas de Retórica, motes dos quais se partiu, seja na adoção dos temas, seja na adesão às fórmulas de escrita vigentes, para que se compusesse uma primeira leva de obras destinadas ao estudo do brasileiro. É marcante a influência da Retórica nessas obras a ponto de constituírem, elas próprias, exemplos da eloquência luso-brasileira da época.

No Brasil, os custos dessas obras somavam o preço do selo, da impressão e do registro. Esses valores, conforme informações declaradas na contracapa da *Corografia Brasílica* de Aires de Casal, publicada em 1817, chegavam a 12 mil réis, sendo 540 pelo alvará de publicação, 4 mil pelo selo e 3.200 pela impressão. Além disso, no Brasil a preferência era publicar em tipografias estrangeiras, porque se acreditava haver uma economia nessa prática,[1] ainda que o tempo

---

1 No prefácio da quinta edição de sua obra, Francisco Freire de Carvalho assinala que a impressão em Portugal havia barateado sua publicação: "[...] para quem a tem trabalhado, e a quem muito particularmente a oferece: acrescendo de mais disto, para facilitar a aquisição da mesma Obra, a diminuição do seu custo, muito inferior ao da primeira edição, atenta a barateza da mão de obra, e do papel e, Lisboa, comparada com a do Rio de Janeiro" (Carvalho, 1849, p.9).

e o custo das viagens fossem acrescidos ao preço final. Nos melhores casos, eram gastos de um a dois anos para a publicação de um texto,[2] e, embora um autor empenhasse tempo e dinheiro na publicação de sua obra, nem sempre o pagamento seria feito nas mesmas moedas, como anotou Abreu e Lima (1845, p.V-VIII) na sua *Sinopsis ou Deducção Chronológica dos factos mais notáveis da História do Brasil*:

> Quem souber que este tremendo calhamaço me custa mais de quatro contos de réis depois de impresso, os quais não comi nem bebi, e que se foram por amor da glória, poderá avaliar que não se trata de recomendar a Obra, mas de haver o meu dinheiro, ainda que perca o tempo consumido. E porém, a glória, a fama!! Oh! A fama, a glória de Escritor no Brasil! Se ao menos viesse o proveito!

A necessidade de uma maior destreza na apresentação da informação, capaz de tornar o conteúdo simples, fez que os autores da época procurassem na eloquência as fontes para a elaboração de um resumo claro, conciso e convincente do tema em questão. Por essa razão, compêndios e extratos, por exemplo, eram considerados tipos diferentes de obras:

> O extrato é feito para outros sábios, o compêndio é ordenado para os ignorantes. O extrato deve conter a mesma elevação do original; o compêndio deve abaixar-se até se fazer perceptível à curta esfera de um Menino. Eis aqui donde nasceu a falta de bons compêndios não só entre nós, mas ainda entre outras nações. (Leal, 1801, p.54)

Além disso, eram muito poucas as tipografias no Brasil, segundo Ogier (1832, p.11): "Desde os primeiros anos da Independência é que a imprensa tomou um desenvolvimento livre no Brasil; porque na época da sua proclamação só existiam no Rio de Janeiro a tipografia real, e outra dirigida pelos Srs. Garcez e Manuel de Cristo Moreira. O Sr. Serpa no tempo de d. João VI tinham também uma imprensa considerável na Bahia". Pode-se assinalar, portanto, que a difusão dos compêndios lusitanos aconteceu no Brasil com uma certa assimetria temporal em relação à Portugal.

2 Tendo em vista o tempo que os correios levavam entre uma viagem e outra, segundo as cartas do bibliotecário Marrocos.

104   MARIA RENATA DA CRUZ DURAN

Do mesmo modo que havia diferentes tipos de autor, havia níveis distintos de leitores e, por conseguinte, um esforço diferenciado para atendê-los por meio dessas obras generalizantes, incluindo compêndios, extratos, manuais e tratados, dadas suas especificidades. Nesse sentido, os autores dos compêndios tinham um perfil específico, como anotou Antônio Ribeiro (1819, p.VIII), professor de Filosofia no Real Colégio Militar, no compêndio intitulado *Theoria do Discurso*:

Que quer dizer um compêndio, ou livro elementar? Quer dizer um livro, que contém os princípios fundamentais de qualquer arte, ou ciência, expostos de uma maneira simples sem afetação; clara sem difusão; e breve sem obscuridade. Mas quem poderá lisonjear--se de saber reunir estas qualidades num grau conveniente à sólida instrução da Mocidade ignorante? Eis aqui a grande dificuldade. Serão precisos homens de um saber profundo, e de uma vasta erudição? Não o julgo assim. Pois que? Deverão ser ignorantes? Também não. Homens, a quem o estudo, e a meditação tenham feito adquirir um suficiente número de ideias verdadeiras; dotados além disso do particular talento de as saber comunicar, apresentando-as debaixo de uma forma de expressão breve enquanto ao número dos termos, fácil e clara e enquanto ao número dos pensamentos; dotados finalmente da perspicácia, e agudeza necessária para as saber combinar debaixo de todas as suas relações fundamentais.

Se os homens que escreviam compêndios não precisavam ser sábios, tampouco na matéria escrita tinha-se compromisso com a complexidade. Para os autores da época, "neste caso, todo aquele que lançar uma pedra no cimento do edifício, fará importante serviço à sua pátria" (Abreu e Lima, 1843, p.VII). Mesmo que o autor não apresentasse uma única ideia que fosse sua, a obra era aceita por servir como fonte de informação ao leitor, cujo objetivo era acumular saber. A abundância desses elementos dava relevância aos compêndios e, ao mesmo tempo, conferia-lhes um estilo variado:

RETÓRICA À MODA BRASILEIRA   **105**

A variedade pois do estilo, que se encontra no meu Compêndio, não é um defeito como se poderia supor, mas tão pouco é filha da arte, pois que, como já disse, muito pouco há de própria redação; extratando ou copiando, conservei muito de propósito o estilo dos autores, de que me servi, alterando poucas vezes uma ou outra palavra, uma que outra frase. (ibidem, p.xi)

A variedade de informações, muitas vezes desconexas, e a multiplicidade de estilos são dois aspectos que compuseram o perfil desse tipo de obra, criando um padrão de escrita e de relação com o conhecimento. Copiar era um atributo de fidelidade necessário e honesto, pois se tratava de informar o leitor, que pouco acesso teria às obras dos autores mais importantes no tema tratado, não fosse a existência dos compêndios.

Nem sempre copiar era uma tarefa fácil no Brasil, porque nem todos estavam aptos à tradução das obras consideradas importantes, somado ao fato de não haver muitas obras disponíveis para que essa operação se realizasse, mesmo na língua pátria, conforme atentou Francisco Freire de Carvalho (1850, p.13), mestre de retórica no Brasil durante o início do século XIX:

Uma das coisas, que espero me levarão em conta neste meu trabalho os verdadeiros amadores da bela língua portuguesa, é a grande cópia de exemplos extraídos dos clássicos nacionais, com que apoio a totalidade dos preceitos, maiormente na parte da Elocução, o que me não consta tenha sido praticado até agora por nenhum dos que entre nós tem escrito sobre a eloquência. E declaro, que, se confirmei com tão poucos escritores clássicos portugueses os princípios, neste epítome por mim coligidos, foi porque escrevendo longe da Pátria, e em país, onde as obras desses escritores são raríssimas, só pude lançar mão do pequeno número das que me foi possível trazer comigo para o lugar do meu refúgio, longe das garras da tirania.

Assim, confiando na memória, muitos desses autores escreviam seus compêndios, de modo que muitos dos textos ali reunidos e

106 MARIA RENATA DA CRUZ DURAN

atribuídos a outros autores constituem, na realidade, mais uma livre interpretação do que uma cópia fiel de obras consideradas clássicas.

Sendo o comentário uma das formas mais acessíveis de informar as tendências intelectuais europeias aos habitantes do Brasil, destacou--se esse tipo de atitude como um esforço legítimo e suficiente à formação de uma cultura letrada brasileira.

As *Lições de eloquência nacional*, escritas pelo padre Miguel do Sacramento Lopes Gama, mestre régio de Retórica em Pernambuco de 1817 a 1844, são exemplo desse tipo de obra, para quem os serviços de docência, desdobrados no trabalho literário de compor um compêndio, constituíam um serviço dedicado à pátria. Nesse sentido, foi escrita uma carta em que o mestre solicitava o aval do monarca para a publicação de suas *Lições*:

> O suplicante, Imperial e senhor, cônscio da utilidade de seus talentos, não ousa arrogar-se a presunção de originalidade: ele não fez mais, do que colher de muitos autores com algum trabalho os materiais, ajuntá-los e coordená-los. Pouco se ocupou da Invenção e Disposição, por serem comuns a todas as Nações. (Gama, 1844, p.2)

Copiar e reunir os textos dos mais importantes autores de Retórica e Eloquência para compor um compêndio era comum, assim como era comum que cada professor escolhesse ou escrevesse o seu próprio compêndio; entretanto, no ensino público, havia a tentativa de optar por obras que servissem de referência a todos os mestres, a fim de evitar trabalhos cujo sentido pudesse ser considerado dúbio.

Definir os títulos que seriam utilizados na instrução pública dependia da escolha de um texto que agregasse o maior número de referências, mais fielmente transcritas, no espaço mais abreviado possível. Tal escolha acontecia, geralmente, por indicação de um mestre da instituição, pela nomeação da Diretoria Geral da Instrução, ou, ainda, por meio de concursos realizados pelo governo. Nesses concursos, a premiação seria uma quantia em dinheiro, ou a concessão de algum privilégio, e a adoção do texto como referência, conforme se constata na emenda promulgada pela Assembleia

Legislativa do Brasil em 4 de agosto de 1823, sobre um tratado de educação:

> Aquele cidadão que apresentar dentro de um ano à Assembleia o melhor Tratado de Educação Física, Moral e Intelectual para a Mocidade Brasileira será reputado Benemérito da Pátria e como tal condecorado com a ordem do Cruzeiro ou nela adiantado, se já a tiver, ou remunerado com uma porção pecuniária uma vez somente, a qual se determinará em quantidade pela Comissão respectiva. Paço da Assembleia, 4 de agosto de 1823. Dep. Carvalho e Mello. (Brasil, 1823, p.1)

O esforço de unificar os estudos em torno de um único compêndio, no caso da Retórica, só foi estabelecido em 1834, quando o compêndio de Francisco Freire de Carvalho foi escolhido como referência para a matéria em todo o país. Até essa data, contudo, escrever um compêndio era uma obrigação sem maiores distinções; afinal de contas, se o orador auferia alguma renda cada vez que subia ao púlpito, à cátedra ou à tribuna – mesmo quando o discurso era repetido –, o escritor recebia uma única vez pelo seu esforço, independentemente do tempo de uso ou do número de impressões de sua obra. Ademais, até que o concurso fosse instaurado, esperava-se dos mestres o trabalho de entregar as orientações adequadas ao estudo da matéria para seus discípulos, medida recomendada por meio de ofícios das próprias instituições de ensino:

> Não posso deixar de lembrar que pelo menos o lente do primeiro ano deve dizer os seus compêndios das matérias que vai ensinar, sendo-lhe indispensável compor um abreviado da análise da constituição do império. Estes compêndios devem ser impressos em números suficientes e trazidos para serem vendidos. (São Paulo, 20.11.1827 apud Macedo, 1830, p.20)

Nem sempre, contudo, a sugestão de imprimir os compêndios foi respaldada pelo Estado, problema que durou até meados de 1830,

108   MARIA RENATA DA CRUZ DURAN

gerando muitas reclamações sobre essa responsabilidade, como indica o ofício de José Maria Brotero, mestre de Direito Natural na Faculdade de São Paulo, em 1828:

> Como não posso bem entender o artigo 7 da lei de 11 de agosto de 1827 = ibi = "e o governo os fará imprimir" = "competindo aos seus autores o privilégio exclusivo da obra por dez anos" =, rogo a V. Exa. o especial favor de me declarar de que maneira vai ser feita a impressão do Compêndio. Eu sou estrangeiro, e estrangeiro pobre, e se pedi este emprego de tanto trabalho, e melindre, e se fiz este compêndio expondo-me às censuras do público, foi unicamente para ter com que sustentar minha família, e debaixo deste pequeno quadro já V. Exa. vê, que eu não posso perder o fruto do meu trabalho. Se o Governo de S.M.I. não pode mandar fazer as despesas, sendo a propriedade minha por 10 anos; se não pode ao menos adiantar este dinheiro para ao depois o receber; então exmo. Imp., eu, que já tenho duzentos assinantes, esperarei ocasião de ter dinheiro para mandar fazer a impressão; e julgo, que este meu desejo é conforme a Constituição do Império, e de Lei supra citada.[...] Desculpe V. Exa, a sinceridade de um estrangeiro, que julga ser a franqueza uma virtude. (Brotero, 1828, p.1)

Da franqueza desse estrangeiro é possível inferir que, assim como a escrita, a publicação também era uma responsabilidade do mestre, e que, conforme a permanência do mestre na cadeira desta ou daquela disciplina, seus compêndios permaneciam circulando entre os estudantes com uma ou outra alteração. Isso acontecia porque a carreira docente era vitalícia, e, uma vez escrito, poucas vezes o mestre despendia tempo para elaborar um novo compêndio ou, sequer, novos cursos que propiciassem uma mudança radical em sua perspectiva sobre o tema.

No caso de não ser possível a impressão dos compêndios, era usual que o mestre oferecesse aos discípulos uma versão manuscrita que deveria ser copiada por todos, o que, obviamente, incutia aos textos originais novas interpretações, sínteses e inclusive erros.

Quando um adendo ou uma adequação eram elaborados, essas modificações também eram divulgadas via manuscrito e também exigiam nova licença. O processo de licenciamento da obra, por sua vez, era longo e custoso, o que demovia os autores de efetuar grandes ou frequentes mudanças.

Documentos relativos à carreira de Sacramento Lopes Gama, guardados na Divisão da Manuscritos da Biblioteca Nacional (RJ), indicam que o mestre procurava adequar seu curso aos conhecimentos que julgava ter, e, logo em seu ingresso na carreira, procurava rascunhar um plano de ensino, uma metodologia, reunir textos que iria utilizar em sala de aula, ou seja, elaborar o compêndio de suas aulas. A organização dos compêndios por capítulos geralmente correspondia ao número de aulas dadas. O compêndio servia como uma filosofia de ensino ou como um guia didático do mestre e, ainda, como uma das únicas formas de controle do exercício de docência.

Ora, como o método de ensino era baseado no compêndio utilizado em sala de aula, era claro que a Diretoria Geral de Estudos deveria interceder na circulação dos livros de ensinar de todo o reino lusitano. Desde 18 de agosto de 1759, a direção geral dos estudos tinha o privilégio da impressão dos livros clássicos, dicionários e demais livros de Gramática latina, grega, hebraica e de Retórica. Depois, no decreto de 20 de dezembro de 1759, determinou-se que fossem recolhidos os antigos livros de ensinar e que novos fossem escritos, de acordo com as regras que sustentavam o sistema de Aulas Régias.

Um dos primeiros compêndios de Eloquência lusófonos publicados[3] após a instauração do sistema de Aulas Régias foi o de D. João

---

3 Entre os textos aceitos até então estavam: *Ensaio de Rhetorica conforme o methodo e doutrina de Quintiliano, e as reflexões dos mais celebres modernos que tractaram d'esta matéria*, de 1779; *Methodo de ensinar a eloquencia que segue... do agrado de sua Eminensia o senhor cardeal Arcebispo de Evora*, de 1826; *Delicioso jardim da Rhetorica, tripartido em elegantes estancias, e adornado de toda a casta de flores da eloquência: ao qual se ajuntam os opusculos do modo de compor e amplificar as sentenças, e da airosa collocação e estructura das partes*

110 MARIA RENATA DA CRUZ DURAN

d'Annunciada, que chama a atenção pelo pragmatismo com que o tema e o sistema de ensino foram apresentados. Cônego regrante de Santo Agostinho e professor nas Reais Escolas de São Vicente de Fora, em Lisboa, D. João d'Annunciada publicou, em 1826, seu *Método de ensinar a eloquência*, com o aval do cardeal arcebispo de Évora, segundo informações da edição publicada pela Tipografia de Bulhões. Antes de passar às 30 lições,[4] d'Annunciada (1826, p.3) informava o modo de aprender seu compêndio:

> *da oração*, numa segunda edição de 1750; *Lições elementares de eloquencia nacional*, de 1834; *Conclusões de rethoriea e poetica, dedicadas ao R.mo Padre mestre Frei José Mayne*, e alguns sonetos, odes e outros versos; *Diálogos sobre a eloquencia em geral e a do pulpito em particular*, de 1761; *Mechanica das palavras em ordem á harmonia do discurso eloquente, tanto em prosa como em verso*, de 1787; *Arte da eloquencia portugueza, ou jardim*, de 1734; *Elementos da invenção e locução rhetorica ou principios da eloquencia*. Illustrada com breves notas, de 1759; *Espirito da lingua e eloquência portugueza. extrahido das Decadas do insigne escriptor João de Barros, e reduzido a um diccionario critico das suas palavras e phrases maisespeciaes, confirmadas ou i/lustradas, etc.*, de 1792; *João de Barros, mestre exemplar da maissolida eloquencia portugueza. Dissertação academica escripta no anno de 1781*, de 1793; *Reflexões sobre o modo como se deve ensinar a Rhetorica*, de 1750; *Elementos da poetica: tirados de Aristoteles, de Homero e dos mais celebres modernos*, de 1765; *Compendio da Rhetorica Portuguesa, escripta para uzo de todo o genero de pessoas que ignoram a lingoa latina*, de 1782; *Diccionarios da lingua portugueza e de frades. Do uzo do R.mo Padre mestre José Mayne, em diferentes tomos. Modos de continuar hum discurso em bom vulgar*, de 1781; *Theatro da eloquencia ou arte de rhetorica*, de 1766; *Apontamentos sobre a rhetorica de J. C. M. Dedicado ao ex.mo sr. Luís de Vasconcelos e Sousa*, de 1762; *Elementos de rhetorica, para uso dos alumnos do commercio theorico-pratico*, de 1829; *Mechanica das palavras, Lisboa*, de 1787; *Instrucções de rhetorica e eloquencia, dadas aos seminaristas do Seminario do Patriarchado*, de 1795; *Arte Poetica de D. Horacio Ilaco: traduzido em vulgar, para o uzo da mocidade portugueza1*, de 1774; *Regras de rhetorica e poetica, por Fr. Antonio... e Mariano José Pereira*, de 1787.

4 O compêndio de d'Annunciada é dividido em lições, respectivamente: Definições de Retórica; Eloquência, Arte, Natureza e exercício; Partes da Retórica e matéria da Eloquência; Gênero demonstrativo; Gênero deliberativo; Exórdio; Estilo do exórdio; Narração oratória; Estilo da narração; Provas; Regras da refutação; Peroração; Elocução; Tropo; Figura; Cadência e harmonia; Memória e pronunciação; Poesia; Sublime; Fontes e origens do sublime; História da oração; História portuguesa a partir dos textos de Camões; Terceira e quarta época da História; Verso português, o que é?; Literatura poética portuguesa

RETÓRICA À MODA BRASILEIRA   111

A lição, que se há de dar é primeiro lida, e traduzida de manhã, ou tarde antecedente por dois ou três estudantes, e explicada com todas as miudezas precisas à sua perfeita inteligência. Esta lição assim passada é trazida na lição seguinte e dita de cor: em bom Português por três ou quatro Estudantes indistintamente nomeados. No sábado de manhã repete-se o que foi dado toda a Semana, e nenhum Estudante é excetuado de dizer o que sabe; com tudo sempre o Professor auxilia os mais rudes contra o reparo dos que não são.

Segundo o programa, os 15 primeiros dias eram voltados especificamente para a Retórica; seguiam-se 15 dias de Poética com Retórica; e, finalmente, 15 ou 20 dias só de Poética. As aulas de Retórica e Poética eram intercaladas com a História da Poesia Grega e Latina, a fim de não aborrecer os pupilos. Ademais, "Em toda Análise precisa-se saber a História da Oração. O fim dos Oradores, que vem a ser o estado de causa. Modo como foi traçada uma das orações proposta" (ibidem, p.17).

Após esses primeiros 45 dias, tratava-se do sublime, segundo Dionísio Longino, "que dá uma ideia mui nobre da Eloquência bem capaz de excitar no coração dos novos Oradores a importância e estima que merece esta arte excelente" (ibidem, p.5). Seguia-se o curso com a Crítica Literária, segundo Alexandre Pope, no *Ensaio de crítica*. Depois, "em o meio de março, começam as Análises ou a Oratória prática" (ibidem, p.8). Essas análises e práticas estendiam-se até o mês de maio, quando se passava a analisar poemas como os de Camões; sempre de acordo com um método específico:

Logo que se começam as Análises dos Poetas, o Professor faz escrever aos seus Discípulos os nomes de todos os Senhores Reis de Portugal, época do seu nascimento, ano da Coroação, e tempo de Reinado; principia depois a contar os fatos mais notáveis sucedidos em cada um dos Reinados, para deste modo se entender melhor

---

dividida em duas partes, nesta lição estuda-se a primeira e; depois, a Segunda época da poética portuguesa; Terceira época; Restauração da poesia.

112   MARIA RENATA DA CRUZ DURAN

Camões, e se ligar à História Portuguesa, que ele conta no terceiro e quarto canto do seu Lusíada. (ibidem, p.10)

Sucede, então, o estudo da História Abreviada da Poesia Portuguesa, que deveria ser intercalado com o que d'Annunciada chamou de "exercícios mensais", que funcionavam da seguinte maneira:

os Estudantes recebem todos os meses um ponto destinado a servir de exercício às suas composições por escrito, e perceber melhor as ideias do compêndio. Estes pontos são tirados das Matérias do ano, por exemplo "Se a eloquência é útil", "Se é arte", "a tradução de algum capítulo de Cícero no seu Orador", "quantas qualidades há de afetos e o modo de os excitar", "que é figura no discurso, e a diferença do sentido figurado ao que não é", "o interesse que o Orador tira da leitura dos poetas". (ibidem, p.11)

D'Annunciada explica, ainda, o modo como esses exercícios eram corrigidos:

Estes exercícios não podem exceder meia folha de papel, e a 20 dos meses se entregam: são lidos na Aula em público pelos seus próprios autores postos de pé acionando a mão direita, e se lhes fazem as notas e reparos que merecem. (ibidem, p.11)

Antes do encerramento do curso, havia uma revisão geral da matéria:

Os últimos quinze dias antes das férias são destinados a repetir tudo o que se deu no ano, e para se fazer com mais exatidão o Professor tem dividido as matérias em artigos separados, os quais reparte aos seus Discípulos em papelinhos, que contém o objeto de cada lição. (ibidem, p.12)

Os alunos deveriam discorrer sobre os temas de cada um desses "papelinhos", corrigidos pelos mestres enquanto falavam, e os discípulos deveriam assistir às falas uns dos outros. Essa operação era realizada, no mínimo, duas vezes antes de o curso de Retórica e Eloquência ser encerrado. O curso podia durar até três anos, dependendo do avanço e da morigeração dos alunos. Dentre as muitas vantagens de seu método, d'Annunciada assinala o adiantamento do Latim e a introdução da Poética de Horácio, somada a maior interação entre os discípulos que tomavam conhecimento de inúmeras matérias. Enfim, nesse método:

> Não há ciúmes, ou rivalidades entre os estudantes, que de ordinário servem a fomentar ódios, malevolências, e são nascidas ou das particulares distinções dos Mestres, ou do conceito vaidoso que de si formam os discípulos: aqui todos aprendem, todos estudam, todos falam sem haver ocasião ou de encobrir a ignorância ou de ostentar a impostura. (ibidem, p.19)

Assim é que:

> Com esta grande variedade de instrução imprime-se no ânimo dos novos Oradores um amor constante à Aula, e quando de ordinário aquelas idades aborrecem o Estudo: aqui os estudantes frequentam muito e alguns mostram violência se ou as enfermidades ou os negócios de família os obrigam a faltar. [...] Ficam todos sabendo muitas ideias de Literatura, cada um pode no futuro escolher, e aplicar-se ao que for mais próprio do seu gênio e mesmo chegar a ser algum dia este Orador consumado que Cícero tanto desejava. (ibidem, p.20)

No Brasil, obras tão minuciosamente sistematizadas como a de João d'Annunciada demoraram a ser publicadas, sendo escritas apenas a partir de 1808, quando a tipografia foi aqui permitida. Entre elas, figuram as já mencionadas *Lições de eloquência nacional*, de Sacramento Lopes Gama, que, embora tenham sido publicadas em 1846, circulavam entre os estudantes brasileiros na forma manuscrita desde 1817, quando o frade foi nomeado mestre régio de Retórica em Pernambuco. Esse compêndio possui, ao todo, dois

114 MARIA RENATA DA CRUZ DURAN

volumes com 48 lições, que deveriam ser distribuídas semanalmente ao longo de até três anos do estudo da Retórica.[5]

Nos registros que se referem às suas lições,[6] a dinâmica da aula seguia a mesma sucessão de tópicos do texto: o professor conceituava o termo que seria tratado; os alunos expunham suas dúvidas e oposições; o professor rebatia as oposições e esclarecia as dúvidas; um modelo de discurso que exemplificasse a discussão vigente era apresentado e, finalmente, o aluno devia produzir um discurso naquele molde. Esse exercício era, muitas vezes, feito em sala de aula e sua correção era realizada oralmente, logo após a realização da tarefa. De um modo geral, a disposição do compêndio obedecia exatamente às mesmas regras que apresentava: as regras da Retórica e da Eloquência.

Para Sacramento Lopes (Gama, 1844, p.3), as lições deveriam ser dadas sempre em português, pois "pouco nos podem servir a este respeito" as aulas em latim. Para o mestre de Retórica, a Eloquência

---

5 Os primeiros temas tratados por Sacramento Lopes Gama em seu compêndio eram: as vantagens da Eloquência, os requisitos necessários ao orador e ao homem eloquente, a imaginação, o gosto, o engenho, a invenção, a matéria e os gêneros da Eloquência, a disposição, a elocução, o uso a respeito da linguagem, algumas máximas relativas à autoridade dos estudos clássicos, críticas ao que Lopes Gama chamou de purismo e peregrinismo, considerações a respeito da propriedade das palavras, do ornato, das enargueias, das semelhanças, parábolas, imagens, ênfases, noema, conceitos oratórios, da amplificação e suas espécies, do adorno oratório e dos tropos, da metáfora, da alegoria e ironia, da metonímia, metalepsis, autonomasia, onomatopeia e hipérbole, da sinédoque, do epíteto, da perífrase e do hipérbato, das figuras oratórias, sua classe e reflexões, e, por fim, da composição ou colocação das palavras. No segundo volume, por sua vez, havia 21 lições que tratavam das seguintes matérias: o belo natural e moral, a beleza das abstrações e o belo artificial, o belo ideal, o imitativo e o sensível, a gradação e a escala do belo, seja ele elegante, gracioso, grande ou sublime; o sublime moral e seu estilo oratório, o que são as paixões, a pronunciação e a ação, os meios de fazer progresso na eloquência; a eloquência judiciária, militar, deliberativa, especulativa e sagrada; considerações sobre os elogios fúnebres, reflexões sobre os clássicos da nossa língua e sobre a decadência da língua portuguesa.

6 Presentes na pasta C-0263,013 no.002 da Divisão de Manuscritos da Biblioteca Nacional, RJ.

ensinada nas escolas deveria ser uma Eloquência em português para ser nacional, incluindo exemplos tirados de grandes autores da língua portuguesa – tarefa empreendida por Sacramento Lopes com esmero, pois em suas *Lições* encontram-se longos trechos das obras de Camões e Sousa Caldas, entre muitos outros.

Entre o *Método de ensinar a eloquência* de D. João d'Annunciada, e as *Lições de eloquência nacional*, escritas por Miguel do Sacramento Lopes Gama, algumas diferenças devem ser observadas. Primeiro, note-se que havia uma disparidade na extensão de uma e de outra obra: d'Annunciada usou menos de 50 páginas e Lopes Gama, mais de 400. Ora, enquanto d'Annunciada lidava com alunos que tinham uma biblioteca antiga e farta ao seu dispor, Lopes Gama lecionava para discípulos com pouco acesso aos textos de que fazia referência, e por isso precisava transcrever as referências utilizadas. Depois, d'Annunciada destaca como vantagens de seu curso a dinâmica fluída e o divertimento que seus pupilos teriam com a didática adotada, enquanto Lopes Gama assinala a utilidade dos assuntos ali prescritos, justificando-se pelo despertar do patriotismo por meio do estudo da língua nacional.

Finalmente, para d'Annunciada importava destacar que em seu método os alunos teriam um adiantamento nos estudos de Latim, ainda que instruídos na língua nacional; já para Lopes Gama, a ênfase no Português era importante porque fomentava uma autonomia intelectual, se não uma identidade do pensamento nacional. Essa última divergência é essencial para se perceber as diferenças entre a Eloquência lusitana e a brasileira após 1808: enquanto em Portugal a disciplina Retórica era um meio de equiparar os estudos lusitanos ao modelo francês, no Brasil, a Eloquência definia um código comum para a cultura letrada brasileira – servindo, sobretudo, como um meio de estabelecer um sentimento de coletividade, se não de pertencimento e ingresso no mundo dos letrados, até então restrito aos conhecedores do latim – língua que, embora conhecida dos brasileiros, era-lhes tão distante como a universidade de Coimbra. Ainda assim, é importante ressaltar que o pertencimento fomentado pelo texto de Lopes Gama se referia também à pátria da

116   MARIA RENATA DA CRUZ DURAN

língua portuguesa, afinal de contas, reconhecendo nos portugueses os seus irmãos mais velhos, os brasileiros eram alçados ao *status* de europeu.

Miguel do Sacramento Lopes Gama assinalou ainda que, além de ser nacional, a Eloquência precisava de espaço político para se efetivar, o que, segundo o monge beneditino, era comprovável por meio da história:

> A eloquência pública teve o seu trono nas Repúblicas; porque ali para governar os homens era mister persuadir-lhes a necessidade, e justiça da lei, e também porque naquela forma de governo a Eloquência abria caminho às dignidades, às honras e riquezas e esta razão de se ali honrarem não só a eloquência, senão todas as mais profissões próprias para constituir oradores, como eram a política, a jurisprudência, a poética, e a filosofia. Então se acabou de ver, que para ser insigne Orador relevava não só criar-se naquele concurso de circunstâncias necessárias para formar um grande homem, mas também em tempos, e países, onde se pudesse impunemente repreender o vício, honrar a virtude e pregar a verdade sem rebuço. (Gama, 1846, p.III)

Se a Eloquência dependia de condições favoráveis e essas eram compostas tanto de uma instrução voltada para as áreas que contemplavam esse campo do conhecimento quanto da livre aceitação das opiniões proferidas em cátedras, tribunas, púlpitos e palanques, isso significava que a Oratória dependia de certa liberdade referente à comunicação, a um só tempo, fomentada e permitida pela sociedade. Era necessário, portanto, que houvesse permissão pública e propensão popular para que a Eloquência se instalasse como meio de comunicação, cuja finalidade, para Lopes Gama, consistia na habilidade de mover o outro num âmbito público.

Na época, acreditava-se que a permissão pública necessária ao desenvolvimento da eloquência fora concedida com a transferência da corte ao Brasil, e mais especificamente, com a elevação do Brasil à qualidade de reino, assinalada, inclusive, nos muitos discursos da época, como na oração proferida pelo pregador imperial frei Francisco do Monte Alverne em 1816:

> Chegou a época, em que galgamos o degrau honorífico tão longamente aguardado. Abriu-se a mesma lice ao talento. Nós pretenderemos, nós subiremos às honras com esta altivez, que distingue um povo livre. Ontem filhos mais moços de Portugal somos hoje seus iguais. Reapertaram-se estas molas sociais, cuja ação atrairá sobre nós olhares respeitosos. Realizaram-se os desejos dos grandes homens, que não recearam invocar o amor do gênero humano, e haviam bebido suas luzes no fogo sagrado, que os abrasava. A liberdade ilimitada do comércio do Brasil deve sem dúvida excitar os mais ativos esforços, e reanimar todas as indústrias. Não se duvida mais que se deve ao comércio a felicidade dos povos e a grandeza dos Estados; que sua opulência deve ser fundada no trabalho, e que vale mais do que o ouro e a prata. A importação ministra e fornece as matérias que devem excitar o desenvolvimento industrial: a exportação anima a fabricar além do que exige o consumo doméstico. O acréscimo de comodidades recompensa os suores e as fadigas. Os espíritos adquirem um vigor novo. As ciências, as artes são cultivadas com sucessos sempre novos, sempre renascentes, porque são mais conhecidas nos Estados, em que a indústria é mais desenvolvida. (Monte Alverne, 1858, t.II, p.278-9)

Inspirados por esses valores é que mestres como Miguel do Sacramento Lopes, entre outros, dedicaram seus estudos a uma eloquência de cor local. Todavia, a maior parte dos primeiros compêndios de retórica utilizados no Brasil eram aqueles escritos por portugueses, pois os mestres da metrópole evidentemente possuíam um acesso maior tanto às tipografias quanto às bibliotecas. A partir da transferência da corte para o Rio de Janeiro, contudo, novas condições foram oferecidas aos mestres de Retórica fluminenses e, desde então, esse tipo de obra foi impressa e divulgada, até por meio dos jornais que começaram, timidamente, a ser escritos no país.

118   MARIA RENATA DA CRUZ DURAN

Em 1835, num ofício do Município da Corte, dava-se a notícia de uma nova resolução para a instrução pública secundária em que se exigia uma uniformidade nos compêndios mensurada pelo sucesso dos alunos no ingresso em instituições dos Estudos Maiores. Nessa nova modernização da Retórica, substituíam-se as referências a Quintiliano, Cícero e Aristóteles por Massilon, Chateaubriand e Hugh Blair:

> Posto que pelo ato adicional composto às Assembleias Legislativas Provinciais a legislar sobre a instrução pública, contudo é manifesta a necessidade de uniformidade nos Compêndios de algumas ciências preparatórias, sem a qual os estudantes ver-se-hão embaraçados em exames que tenham de fazer nos estabelecimentos de instrução maior [...] talvez da Metafísica nas aulas de Retórica poder-se-ia substituir com vantagens o Blair ao Quintiliano. (Município da Corte, 21 de janeiro de 1835, p.1)

A vantagem então obtida era uma maior uniformidade do sistema de ensino que, cada vez mais, era guiado num sentido racional. Até que essa medida fosse implementada, contudo, os compêndios que circulavam na instrução brasileira de retórica eram muitos. Vejamos, pois, alguns de seus exemplos.

Um dos primeiros compêndios de Retórica lusitanos elaborados após a reforma pombalina da educação foi escrito por Antônio Pereira, presbítero da Congregação do Oratório de Lisboa. Os *Elementos da invenção e locução retórica ou princípios da eloquência* foram dedicados ao Conde de Oeyras e aos alunos da Real Casa da Congregação do Oratório de Nossa Senhora das Necessidades de 1756, para quem ele ditou a primeira versão de suas lições. Publicado em 1759, seus estudos foram baseados nos textos de Vossio, Buchnero e Heineccio, e depois complementados pela leitura das obras de Aristóteles, Cícero e Quintiliano. Inácio Barbosa Machado e Diogo Barbosa Machado forneceram as primeiras licenças, assinalando que, por decreto do rei, "foi escolhido o seu método para servir de brilhante guia aos novos professores, que neste Reino hão de ensinar a língua latina" (Ignácio Barbosa Machado, Lisboa 18/10/1759, censor real apud Pereira, 1759, p.10). E que "cantem em verso a renovação das Letras Humanas em Portugal" (17/11/1759 – Diogo Barbosa Machado, Desembargo do Paço, apud Pereira, 1759, p.13), por meio dos estudos de retórica, que eram encarados como uma renovação das "letras humanas" em Portugal. As definições que Pereira faz da Retórica e da Eloquência servem como introdução ao compêndio:

> Retórica é uma Arte, que nos dá os preceitos de falar bem, a fim de persuadir os ouvintes. O uso ou exercício destes preceitos chama-se *Eloquência*: o sujeito que os pratica chama-se *Orador*. Falar bem é convencer o entendimento com a força dos argumentos, mover os argumentos, mover os afetos da vontade, deleitar com o ornato e elegância da locução. Persuadir os ouvintes é movê-los e obrigá-los a executar o que lhes aconselhamos. Matéria da Retórica é toda a questão que se propõe para falar e discorrer nela. (Pereira, 1759, p.2)

Não há, nessa definição, as tão aclamadas vantagens da formação de uma opinião ou mesmo do fomento ao engenho assinaladas nos decretos de 1759: a eloquência é vista como dom natural, enquanto a retórica o é como artifício. O estudo dessas disciplinas acompanhava, quando não sucedia, o Latim, e supunha, ainda, um discípulo polido pelo cotidiano escolar e pela convivência com a nobreza. Pereira compartilhava, nessa época, do ideal de um orador cingido por Deus, como aquele descrito no texto *O verdadeiro pregador no século XVIII*, no qual se lê:

> Distinguir o verdadeiro pregador num século tão crítico, e tão abundante deles, como é o nosso: parece, ou temeridade, ou presunção. Não é nada disto. O deplorável estado, a que vai caminhando este honroso Ministério, excita espíritos zelosos; não convida corações, nem temerários; nem presumidos. Há muitos Pregadores, é verdade: porém sendo muitos os chamados, são poucos os escolhidos. Dividamos a soma total destes Obreiros Evangélicos.

120   MARIA RENATA DA CRUZ DURAN

Separemos os dignos dos indignos e os primeiros sirvam de exemplares aos segundos. Mas quem há de fazer esta divisão? E depois dela feita, quem há de separar os bons dos maus. Leiam-se os capítulos desta obra: pesem-se na balança da razão, e o sentido íntimo do Leitor desapaixonado poderá decidir o problema. (*O verdadeiro pregador do século XVIII*, 1798, p.3)

Para decidir o problema, o autor passa em revista aqueles que acredita terem sido os maiores oradores "desde o princípio do mundo" até o século XVIII,[7] e conclui que, no século XVIII, a eloquência dos pregadores modernos era resultado de uma combinação entre a linguagem dos poetas, a eloquência dos cômicos e a leitura de coletâneas de frases e pensamentos. A profusão desses defeitos era oriunda dos esforços reais em incentivar a Retórica e a Eloquência sem, no entanto, subsidiar seu ensino adequadamente.

A fim de sanar esses tipos de problemas, os novos compêndios distinguiam a Retórica e a Eloquência, ainda que asseverassem a prerrogativa de que em ambas o interesse era fornecer meios de persuadir o leitor ou o ouvinte em favor da causa apresentada, em cuja operação acorriam três elementos: os afetos, os costumes e as provas. Os afetos deveriam ser atingidos para que o ouvinte ou leitor se dispusesse à mudança; os costumes, observados para que se estabelecesse uma relação entre aquele que ouvia e aquele que falava; as provas, finalmente, arrematavam o discurso no sentido de não deixar dúvidas acerca das razões necessárias à ação do ouvinte, uma vez persuadido da causa do orador. Entre os compêndios de Retórica e Eloquência que se pautaram por essas novas normas, circularam

---

7 No século IX, S. Bernardo; no XII, Inocêncio III; no XIII, S. Domingos; no XIV, Nicolau de Lira; no XIV, João Germano; no XV: Pedro de Ailly, Ollivier Maillard, S. Bernardino de Sena, S. João Capistrano, S. Vicente Ferrer; no XVI: Trithemio, Luís de Granada, S. Carlos Borromeo, S. Francisco de Sales; no XVII: Paulo Segneri, Luís Bordaloue, Bossuet, João Baptista Massillon; e conclui que todos os demais oradores "se podiam encadernar todos num só volume pondo-lhes este título que um Pregador Espanhol deu a seus sermões impressos em 1739: *Nada com vós ou vós com ecos de nada*" (*O verdadeiro pregador do século XVIII*, 1798, p.30).

RETÓRICA À MODA BRASILEIRA **121**

no Rio de Janeiro do final do século XVIII ao início do século XIX os de Pedro José da Fonseca, Bento Rodrigo Pereira de Soto-Maior Meneses e Silvestre Pinheiro Ferreira, os quais serão tomados como parâmetros para o estudo dos elementos que compunham a arte da eloquência nas cátedras fluminenses da época.

Os afetos

Pedro José da Fonseca (1786), no seu *Tratado dos afetos e costumes Oratórios, considerados a respeito da eloquência*, publicado em 1786, parte do pressuposto de que os afetos, os costumes e as provas compunham "os três legítimos meios de persuadir". Sua intenção é a de esclarecer como os costumes e afetos lusitanos encaixavam-se nessa finalidade da persuasão, e para isso, ele baseava-se em dois autores: Quintiliano e João Ângelo Serra, anotando, todavia, que ao primeiro faltava uma ponderação dos costumes, e ao segundo, um tratado dos afetos. Mestre de Retórica em Portugal, cujo compêndio foi utilizado em colégios como o São Joaquim,[8] no Rio de Janeiro, ele atribui a publicação do tratado às suas responsabilidades como docente.

Imbuído dessa responsabilidade, Fonseca (1786, p.2) dedica a primeira parte desse tratado ao estudo dos afetos que, para ele, "são um eficacíssimo meio de persuasão". Mas quais seriam os afetos? "São treze os afetos, de que ele (Aristóteles) faz menção [...]: ira, brandura, amor, ódio, medo, confiança, pejo, descaramento, graça, misericórdia, indignação, inveja, emulação" (ibidem, p.3). Ainda seguindo os passos de Aristóteles, Fonseca dará instruções para se mover os afetos mencionados:

> Excita-se o ódio, como afeto inteiramente oposto ao amor, por princípios em tudo contrários a esta paixão. Assim devemos

---

8 Segundo registros dos Estatutos do Seminário São Joaquim, no Arquivo Municipal da Cidade do Rio de Janeiro.

exagerar os vícios e as maldades daquele, contra quem se move, e pintar vivamente as ações, que se opõem ao bem, que muito estimamos. Nós aborrecemos um ímpio, que se porta irreverente para com pessoas de reconhecida virtude, assim para se inspirar este mesmo ódio aos outros, não há mais que formar um painel das ações, que o deem a conhecer tal. (ibidem, p.19)

Se o ódio era um dos afetos que deveria ser fomentado, também o medo tinha seu lugar nas atividades do orador e poderia ser excitado "Denunciando-se um grande mal", pois o risco de "destruição ou grave dor", para Fonseca, reprimia atitudes consideradas ruins (ibidem, p.22).

O recurso de excitação do medo era importante porque alertava o ouvinte ou o leitor acerca daquilo que não poderia ser feito e das consequências desses atos. Em outras palavras, uma das primeiras regras para se mover pelos afetos era limitar as ações do ouvinte pela apresentação dos riscos que ele corria no caso de não seguir as ideias do orador, sempre um escolhido pela Igreja ou pelo Estado que, em consequência dessa posição, tinha seus conselhos assegurados moralmente.

No caso de desejar inspirar confiança, o exemplo era a melhor medida, sobretudo os históricos, pois comprovavam o desfecho de certas ações e atestavam a lisura de determinados processos ou seu contrário. Para perder a vergonha, novas estratégias: "Excita-se esse afeto, tratando com desprezo àquelas coisas, que justamente nos houveram servir de pejo".[9] De mais a mais, para Fonseca, o orador só poderia convencer seus ouvintes dos sentimentos expostos se fosse verdadeiro – "Ultimamente o meio geral e mais seguro de mover os afetos é estar o Orador realmente deles penetrado" (ibidem, p.59) –, o que poderia ser realizado de dois modos: primeiro, o orador poderia compartilhar com seus ouvintes os sentimentos descritos e os

---

9 Essa estratégia foi acompanhada de um exemplo desconcertante: "Tal é o dito do Poeta Antipho, ao ser conduzido a morte com outros companheiros, que de envergonhados cobriam as cabeças. Que, lhes disse ele, receais topar amanhã com algum desses que agora nos estão vendo?" (Fonseca, 1786, p.32).

afetos apresentados; segundo, o orador deveria possuir perspicácia suficiente para projetar no outro os sentimentos que conhecia, mas dos quais não necessariamente se deixava tomar no momento em que falava. Ainda de acordo com Fonseca, o orador deveria caminhar no limite dessas duas possibilidades, pois tanto deveria empenhar-se em conhecer vivamente os sentimentos expostos quanto deveria manter-se à margem desses para controlar a situação do discurso. Na opinião de Fonseca, esse malabarismo só poderia ser levado ao seu limite por aqueles que tivessem o talento natural para a fala, a eloquência.

Quando portadores do talento para a eloquência, os oradores da época poderiam "apenas recordar emoções, que o coração pode sentir, mas que a língua do homem não pode manifestar" (Monte Alverne, 1858, t.II, p.284); por isso dever-se-ia recorrer à Retórica, cujas regras contribuiriam para uma melhor expressão dos afetos. No esforço de manter tal postura, guiados por compêndios como o de Fonseca, os oradores brasileiros geralmente apelavam à *dispositio*, conhecida fórmula geral da Retórica pela qual os discursos deveriam obedecer à seguinte ordem: exórdio, no qual se ganhava a atenção do ouvinte; proposição, na qual se apresentava a causa a ser defendida; provas, nas quais se argumentava sobre o tema escolhido; e epílogo, em que um breve resumo do que havia sido dito era recitado. Os afetos tinham lugar no exórdio e no epílogo, embora fossem utilizados, em pequenas doses, ao longo de toda a oração, sobretudo quando aliados aos costumes.

Os costumes

Mais atentos aos costumes estiveram os autores de compêndios que procuravam adequar os conhecimentos da área da Eloquência ao uso cotidiano. Entre esse tipo de mestre, estavam aqueles que não foram prontamente atendidos pelo sistema de Aulas Régias e que perpetuaram o costume no qual um familiar, geralmente um tio, responsabilizava-se pelas primeiras instruções dos meninos

124 MARIA RENATA DA CRUZ DURAN

da família, tal qual um preceptor. Esse mestre viu-se obrigado a procurar um manual, ou mesmo a redigir o próprio. Nessa situação, Bento Rodrigo Pereira de Soto-Maior Meneses (1794) escreveu um compêndio para ensinar a arte da Retórica aos filhos que viviam com ele numa quinta afastada da cidade, e como essa era uma das condições mais frequentes dos brasileiros da época, foram muitos os exemplares dessas obras encontrados nos inventários de bibliotecas fluminenses do início do Oitocentos.

Em seu *Compêndio retórico*, o fidalgo Bento Meneses explica que a maior parte dos compêndios demandava bons mestres que pudessem fornecer exemplos e explicar mais simplesmente o que estava escrito, o que não se aplicava à região onde vivia – havia poucos mestres, dos quais nenhum tinha nessa atividade o trabalho mais importante de sua vida, sendo, portanto, medíocres. Por esse motivo, Meneses propôs-se escrever um compêndio simples e com muitos exemplos e citações para que ou o discípulo, sozinho, entendesse o que era a Retórica e a Eloquência, ou o mestre, medíocre, fosse capaz de ensiná-lo. Além disso, Meneses explica que alguns de seus colegas compartilhavam da mesma dificuldade e, por isso, sua obra seria impressa "para o proveito de todos", na Oficina de Simão Tadeu, em 1794.

A finalidade desse tipo de compêndio de Eloquência era guiar, em terras distantes dos grandes centros, aqueles fidalgos que não podiam permanecer desamparados no estudo das primeiras letras e dos conhecimentos introdutórios, depois necessários se o garoto viesse a cursar alguma faculdade, ou mesmo se quisesse manter a ordem dos costumes vigentes e a continuidade de suas posses. Assim é que, nesses compêndios, os costumes foram mais destacados que os afetos, porque o ouvinte não precisava tanto ser convencido pelo orador, mas saber que o orador o conhecia e sabia lidar com ele. Para Meneses (1794, p.29), nesse caso:

Os costumes são umas reflexões que dão a conhecer a condição, e inclinação habitual de um homem ou de um povo. Estes não só constituem um homem bom, qual deve ser o Orador, como diz

Quintiliano, mas também, os que conduzem para a Oração ser perfeita. Os que constituem o Orador perfeito são a virtude, a bondade, prudência e benignidade: pois quem não tiver estas qualidades, não se pode chamar Orador. Os que conduzem para a Oração ser perfeita são a verdade, clareza, e boa ordem. Se estas reflexões são respectivas ao Orador, chamam-lhe os retóricos mores primae personae: se aos ouvintes chamam-lhe mores secundae personae: se respeitam ao sujeito, de que se fala, chamam-se mores tertiae personae. Os costumes variam muitas vezes pela natureza das gentes, e das repúblicas; pela razão dos afetos, dos hábitos, das idades, e da fortuna.

Os costumes eram, pois, relativos aos oradores, aos ouvintes ou àqueles de quem se trata no discurso e presentes em todas as orações. De acordo com Meneses, era preciso identificar primeiro as reflexões de quem falava, depois as de quem ouvia e, por último, as reflexões daquele a respeito de quem se falava. Essa gradação existia com a finalidade de, distinguindo os afetos dos envolvidos no discurso, mover com mais exatidão os sentimentos dos ouvintes – os costumes englobavam, pois, os afetos.

Ainda segundo Meneses, os afetos deveriam estar relacionados com os hábitos, idade e fortuna dos ouvintes, para que se chegasse a um perfil adequado de quem eram e de como reagiam a certos estímulos aqueles para quem se falava. Conhecer as "patologias"[10] era, portanto, um meio para que o orador se empenhasse na "pathopoeia", ou seja, na moção dos afetos:

> O talento, e modo de mover os afetos no ânimo dos ouvintes é a parte tão brilhante da arte da eloquência, que mais parece ser dom particular da natureza, do que ciência adquirida pelos preceitos da mesma arte. Por isto deve o orador fazer-se poderoso em os mover:

---

10 Tais como: a alegria, "que nos provem da imaginação do bem presente"; a esperança, "que nos vem da imaginação do bem futuro"; a dor, "que nos procede da imaginação do mal presente"; e, por fim, o medo, "que nos nasce da imaginação do mal futuro" (Meneses, 1794, p.33).

pois vence muitas vezes pelo movimento dos afetos, o que não pode fazer com a razão manifesta. Seis coisas há que considerar no modo de mover afetos: o Orador que os há de mover e os ouvintes que hão de ser movidos, aquilo que é objeto dos afetos, que estilo se deve usar, aonde e quando se hão de mover, que vícios se devem evitar. (ibidem, p.35)

O sucesso desse movimento dependia da capacidade do orador de transmitir aos ouvintes a impressão de que sua eloquência era natural. Para isso, segundo Meneses, era necessário que o orador se *acostumasse* à Eloquência, habituando-se a repetir os preceitos da Retórica no exercício das suas orações. Perceber os próprios costumes e os dos outros era de suma importância para esse exercício, sobretudo porque, na observação contínua desses atributos, projetava-se aquilo em que o homem queria tornar-se para ser bem recomendado na sociedade. Quando tal raciocínio era assimilado de modo que os costumes oratórios do sujeito não diferissem de suas ideias e de seu modo de ser, esse homem recebia o adjetivo de eloquente. E, na maioria dos casos, ser eloquente significava também ser bom.

Segundo Meneses, para cada situação, por mais corriqueira que fosse, havia um modo adequado de expressar-se. Por exemplo, para louvar alguém ou alguma coisa, devia-se destacar, na vida da pessoa, a boa educação de seus filhos e a estima que se tinha dela; com essa finalidade é que se recomendava o conhecimento das normas do panegírico. Se o caso era felicitar um amigo pelo seu casamento, devia-se aplaudir a simetria nas qualidades do casal, o seu honesto fim e a boa educação que dariam aos seus filhos, caso em que a observância das normas do epitalâmio era essencial. Quando o casal tivesse filhos, usava-se o genetlíaco; nele, louvavam-se os aspectos do tempo do nascimento da criança, a honra dos antepassados, as virtudes de seus progenitores e a felicidade da graça concedida, além de se exortar seu grande futuro. Quando do falecimento de algum conhecido ou ente querido, as ações virtuosas do defunto eram louvadas, mencionando-se a vontade divina e a pompa fúnebre que o acompanhavam; devia-se falar, ainda, da perda que sua morte representava para a "república", das estátuas, epitáfios e inscrições dedicadas à sua honra. Contudo, se a vida do sujeito não tinha assim tanto assunto para ser lembrado, o orador deveria compará-lo com alguém importante, destacando, nos feitos do outro, suas qualidades. Para Meneses, quando recebemos alguma graça, devemos agradecer o benefício, exagerando suas vantagens e seus benfeitores, prometendo um ânimo agradecido e duradouro; sendo tal prática preferencialmente inspirada nas regras das orações de ação de graças. Por sua vez, se algum conhecido praticasse alguma ação heroica, vitoriosa ou bem-afortunada, primeiro deveria ser dito que a ação fora fruto de sua honra e cristandade, depois, que Deus a concede e, por fim, que se trata do pagamento ao mérito de uma vida honrada e virtuosa. Agir dessa maneira era importante porque se recomendava um código de gentilezas aos povos do reino lusitano. Ao destacar-se por meio de um comportamento de tal modo polido, o indivíduo afirmava o seu lugar na sociedade, assegurando, por meio dos seus hábitos, os costumes que manteriam a ordem da mesma.

Meneses não era o único, nem o primeiro a zelar pelos bons costumes dos povos do reino lusitano. Antônio Pereira, autor dos *Elementos da invenção e locução retórica ou princípios da eloquência*, como já se afirmou anteriormente, também estava preocupado com a manutenção dos costumes da boa sociedade:

No nascimento considera-se a geração e a pátria. Se a geração é infame, melhor será não falar nela; se é humilde, diremos que o que faltou de nobreza ao nascimento, supriu o sujeito gloriosamente com as ações ilustres da vida. Diremos ser por isto mais recomendável: porque faltando-lhe a ascendência, os exemplos de honra e glória, ele por indústria e virtude própria se fez digno de que o imitassem os vindouros e o invejassem os contemporâneos. (Pereira, 1759, p.30)

Paralelamente,

Se a geração é ilustre, diremos que à nobreza do nascimento corresponderam as ações da vida. Diremos que com o sangue se

128   MARIA RENATA DA CRUZ DURAN

transfundiu no sujeito as virtudes maiores, conforme o dito de Horácio: *Fortes creantur fortibus.* Que foi ilustre pelos ascendentes, muito mais o ilustraram as virtudes próprias: que pela formosura do ramo se pode conhecer bem a generosidade do tronco. (ibidem, p.31, grifos do autor)

Entenda-se, portanto, que, se o objetivo de uma oração era louvar alguém, as normas retóricas serviam para indicar o melhor modo de fazê-lo. O orador dependia de sua perícia para reconhecer tanto no público quanto no tema o tipo de discurso que seria mais adequado e aceito e isso ele também aprendia observando os costumes, no caso, a eloquência. Conforme essas normas, a geração do homem podia equiparar-se à geração da pátria e, por isso:

Na pátria pode-se fazer a mesma observação. Se é terra famosa, isso mesmo se deve reduzir a glória do sujeito: como se ele nascesse em Lisboa, ou em Paris, ou em Roma, e &c. Aqui podemos fazer uma breve descrição da antiguidade, origem e excelências da terra. Se é humilde, diremos que ele a fizera ilustre e célebre com as suas façanhas ou escritos, como Aristóteles a Estagira, Cícero a Arpino, Catão a Túsculo. Diremos que para ser toda sua a glória das ações, todas o sujeito deveu a si, nenhumas à pátria. (ibidem, p.32)

Assim sendo, o destino do homem e o de sua pátria eram comparáveis porque existia um fim em comum: exortar um futuro próspero à pátria ou à pessoa que acabara de nascer.

Se havia recomendações de como agir tanto em compêndios como em sermões, havia também de como não agir. Aliás, para Meneses, era evitando os vícios que o orador começava a educar-se na Eloquência. De acordo com esse pai atencioso:

[...] a vanglória: é o vício que o Orador mais deve evitar; porque com ela se perde todo o merecimento espiritual e temporal de todas as obras, por melhores que sejam. O mesmo é a doxomania, o apetite desordenado de glória, vaidade: porque é a tinta que corrompe as boas obras. E demonstra haver palimbolia, inconstância, levian-dade de animo: defeito que fica mal a todo homem. (Meneses, 1794, p.277)

Além disso, falando ao povo, o orador deveria ser sempre breve, pois cedo essa plateia cansava-se e logo perdia o fio da meada. Nos discursos remetidos a esse público, para Meneses, a questão que move o discurso, sua proposição, deve logo ser colocada em seu estado, ou seja: a pergunta motivadora do discurso e a maneira como essa era colocada correspondiam ao seu "estado", do qual dependia o tipo de discurso apresentado. Eram quatro os possíveis estados de uma questão: definitivo, de qualidade, de quantidade ou conjuntu-ral. Uma questão que se apresentasse no estado definitivo deveria ser respondida de modo explicativo; se ela tratasse da qualidade ou da quantidade de algo, o tipo mais adequado de discurso era o descritivo; se fosse conjuntural, a saída mais usual deveria ser a com-parativa. Para escolher o melhor tipo de discurso, o orador deveria ter em mente qual era a confirmação mais direta de sua tese. De um modo ou de outro, Meneses (1794, p.75) aconselhava:

Muitas vezes não consiste a força da confirmação na vastidão das palavras; mas sim no conhecimento, que o Orador deve ter das diversas paixões e particulares inclinações daqueles diante de quem fala; porque um ambicioso deve-se combater com a glória das hon-ras; um cobicioso e avarento com a delícia das riquezas; um forte e valente com o esplendor das armas &c.

Como o aperfeiçoamento do orador dependia de uma observação constante da linguagem de seu público, sua presença entre aqueles a quem dirigia sua fala era necessária. O que incutia ao orador uma atitude constante de vigilância, afinal de contas, para que fosse respeitado, não poderia fugir à conduta que pregava. Destarte, a educação eloquente também era uma educação do comportamento do orador, pois entre provas que dava ao seu público, a principal deveria ser a sua própria vida.

130   MARIA RENATA DA CRUZ DURAN

As provas

Se o propósito dos afetos consistia em transportar os ouvintes para sentimentos edificantes, geradores de costumes louváveis, as provas deveriam servir para que o ouvinte se convencesse da utilidade dessa postura. Caso o orador recomendasse uma atitude não praticada por ele próprio, seu ouvinte, possivelmente, notaria a inconsistência de sua fala e, consequentemente, não se moveria em razão do que era dito; a eloquência perdia, então, toda a sua eficácia. Como nem sempre o orador destinava sua fala a um público de inteligência e cotidiano equivalente ao seu, ele corria o risco de não ser entendido e, pior, de não ver suas recomendações serem seguidas. Assim, a comprovação do discurso era uma das partes da Oratória que merecia a maior atenção dos oradores, pois nela se concentrava sua maior chance de erro. Atentos a essa importância, a maior parte dos autores de compêndios apresentados até o momento assinala que o sucesso dessa operação dependia, basicamente, da habilidade do orador no trato com a língua na qual proferia o seu discurso e no uso dessa para comprovar suas teses.

Para Silvestre Pinheiro Ferreira (1813), em suas *Preleções philosóphicas...*, a habilidade dizia respeito não somente à língua, mas também à nomenclatura do grupo intelectual ou da área de conhecimento a que destinava a oração: comprovar o discurso dependia do conhecimento que o orador tinha da linguagem utilizada pelos seus ouvintes, do tipo de solução verbal que os agradava e era acessível ao seu entendimento. Esse raciocínio determinava a realização de tais ponderações prévias à concretização do discurso como cruciais, porque cada grupo, segundo Pinheiro, possuía uma fórmula própria para arrematar seus conhecimentos – cada qual com seus próprios axiomas e métodos para comprovar uma tese.[11]

---

11 Essas e outras ideias fizeram parte do curso que Silvestre Pinheiro Ferreira anunciou em 14 de abril de 1813, na *Gazeta do Rio de Janeiro*. O mestre pretendia iniciar as aulas em 26 daquele mesmo mês no Seminário São Joaquim, para onde os alunos deveriam dirigir-se caso quisessem se matricular. Entretanto, o professor alertava que seu curso não era destinado a qualquer tipo de estudante:

RETÓRICA À MODA BRASILEIRA   131

Para esse filósofo português, pensar sobre a linguagem era importante porque efetivava-se aí o conhecimento, dado que todo saber era entendido por ele como uma forma de representação,[12] onde a inconsistência da linguagem comunicativa significava a falência tanto do processo de construção do conhecimento quanto de sua efetivação na comunicação. Portanto, era impossível ao homem conhecer sem comunicar:

1. Todo homem, qualquer que seja o seu estado e profissão, precisa de saber discorrer *com acerto e falar com correção*. Todos precisam conhecer o *Mundo*, tanto *físico* como *moral*, de que fazem parte, isto é, as Leis gerais dos corpos, que compõe o *Sistema do Mundo*; e os *Deveres* que cada um de nós, considerado como homem e como cidadão, tem para consigo mesmo, para com a sociedade, e para com o *Ente Supremo*, de quem havemos recebido a existência. 2. Além disso, necessita cada um de conhecer, não somente a teórica e a prática, mas também a filosofia da ciência, que constitui a sua particular Profissão. E muitos há que necessitam de saber enunciar com elegância, com graça e energia, e talvez com sublime estilo, verdades de que lhes cumpre persuadir àqueles, que os escutam. 3. Já se a Natureza com especial liberalidade nos dotou do talento

---

"582. [...] este meu trabalho sim é destinado para a instrução da mocidade, mas daquela parte da mocidade, que tendo feito o seu Curso de Estudos possui os princípios, e entende a Linguagem das Ciências cujo conhecimento elementar é indispensável a todo o homem de educação" (Ferreira, 1970, p.168). Ainda segundo o anúncio da *Gazeta*, como não havia obras disponíveis sobre o assunto tratado, Silvestre Pinheiro dispôs-se a escrever um texto de cerca de dez páginas para cada uma de suas aulas. Assim, as *Preleções filosóficas sobre a teórica do discurso e da linguagem, a estética, a diceósina e a cosmologia*, de Silvestre Pinheiro Ferreira, foram publicadas em fascículos a partir de 21 de agosto de 1813, vendidos por 200 réis cada na loja de Francisco Saturnino e da *Gazeta*, até meados de 1816, segundo informam algumas notas do jornal *Correio Braziliense*.

12 "323. Logo, resumindo o que deixamos dito: toda e qualquer Ciência se reduz a ensinar-nos o valor de tais e tais palavras, ou a identidade dos valores de um certo número de expressões sucessivas comparadas, a duas e duas, umas com as outras." (Ferreira, 1970, p.91).

132   MARIA RENATA DA CRUZ DURAN

de imitarmos as suas obras com as cores do pincel, com os cinzéis da Escultura, com o burril, com o lápis ou com o divino dom da Palavra, precisamos de saber as regras do *Bom Gosto*; pois que a experiência nos mostra cada dia que pelas ignorarem ou por não atenderem a elas, Artistas e Poetas, aliás sublimes e admiráveis nas suas concepções, em vez de imitarem a natureza, única origem do *Belo*, tanto nas *Artes* como na *Eloquência*, só produziram monstruosos partos de uma desconcertada fantasia. (Ferreira, 1970, p.33, grifos do autor)

Ainda que falar com *acerto, correção* e *bom gosto* fosse necessário para todos os homens, a teórica do discurso havia sido reputada como uma ciência menos importante pelos mais afamados mestres dos séculos XVII e XVIII. Conforme Ferreira (ibidem, p.34, grifos do autor),

[...] estes tempos, que se podem chamar a infância da ciência, já não existem. Os Filósofos, que hoje respeitamos como Mestres, assentam suas doutrinas sobre a base de que a *teórica do raciocínio e do discurso* é inseparável da *teórica da linguagem*; e que não podendo ser inteligente aquele que não é inteligível, a abundância, a exatidão e a clareza das ideias em toda e qualquer Ciência, Arte, Profissão ou Trato humano, está em rigorosa proporção com a abundância, exatidão e clareza da Linguagem ou Nomenclatura própria da matéria de que se trata, e do uso que dela sabe fazer a pessoa que dela se serve.

Em uma única afirmação, Silvestre Pinheiro remata a visão que tinha sobre o saber e a linguagem: "não *pode* ser inteligente aquele que não é inteligível". De tal modo, a eloquência, para esse mestre acidental,[13] era, primeiro, uma capacidade natural que o indivíduo

---

13 O filósofo português Silvestre Pinheiro Ferreira havia se mudado para o Rio de Janeiro junto com a corte, em 1808, a atuação como professor no Brasil foi, contudo, acidental, como ele mesmo assinalou: "Azares da fortuna, cuja relação pertence a outro lugar, me levaram a consagrar à instrução da mocidade

RETÓRICA À MODA BRASILEIRA **133**

tinha para comunicar suas ideias e, depois, uma arte pela qual devia aperfeiçoar as habilidades no sentido do esclarecimento e busca da verdade. Lidar com a linguagem significava comprometer-se com a verdade e com sua comprovação. Comprovação que implicava, segundo Pinheiro, conhecimento dos mecanismos que efetivavam o saber e, ainda, estudo da dinâmica da comunicação.

Como a comunicação dependia do conhecimento, para Pinheiro, discursos complicados, obscuros, difíceis de entender, nada mais eram do que frutos da ignorância ou de um saber mal construído. Tais discursos não comprovavam proposições simplesmente porque não eram capazes de dispô-las, era necessário que se entendesse que quanto mais sábio um homem fosse, mais claro, simples e eloquente era o seu discurso. Outrossim, a eloquência era natural e imprescindível ao "homem de letras", pois por ela se comunicava, se realizavam seus saberes. Ela era uma consequência de seus estudos, não só de modo cumulativo, como também de modo reflexivo. Todavia, até que um grau ótimo de comunicação fosse desenvolvido, o sujeito empenhado no saber deveria imitar aqueles que considerava bons, aproveitando--se aí do que Pinheiro chamou de "bom gosto".

O "bom gosto" no discurso implicava também uma certa noção estética. Para Pinheiro, a beleza do discurso dependia da compro-vação de um pensamento direcionado, e nunca de metáforas bem escritas, mas despropositadas. Segundo o autor, o prazer estético do homem de espírito elevado vinha do exercício lógico de sua razão e não do mero entretenimento com uma ou outra beleza fútil. A estética da linguagem era importante porque nela se encerravam os valores universais do homem, como a verdade, a razão e a moral.

A eloquência englobava esses três aspectos do discurso – saber, comunicabilidade e senso estético –, e a comprovação de uma tese, ou de um discurso, dependia da harmonia entre eles. De modo que, a "teórica do raciocínio e do discurso" era considerada inseparável da "teórica da linguagem", e daí o mestre conclui:

---

os momentos desocupados dos deveres próprios do emprego, que exercito no serviço do Estado" (Ferreira, 1970, p.29).

134 MARIA RENATA DA CRUZ DURAN

8. De tudo o que se deduz, que sendo impossível falar sem discorrer e que quem discorre, raciocina, as regras que ensinam a conhecer os vícios e a arte de bem falar são as mesmas que constituem a arte de bem discorrer, e de raciocinar com acerto; assim a *Lógica*, a *Gramática Universal* e a *Retórica* vêm todas três a não ser mais do que uma única e mesma Arte. (Ferreira, 1970, p.34, grifos do autor)

Paralela à combinação entre Lógica, Gramática e Retórica, dever-se-ia apresentar a causa, a razão (sua dinâmica) e os efeitos dos fenômenos e, de acordo com Pinheiro, o melhor meio de apresentar tais aspectos era criar uma questão que pudesse guiar as curiosidades do ouvinte. Antes de começar a desenvolver sua resposta, o orador deveria refletir sobre os pontos essenciais de sua argumentação. Como cada um desses pontos era definido segundo uma nomenclatura específica, o orador deveria ter em mente que esclarecer essas definições em seu discurso ajudava o ouvinte a entendê-lo melhor e, consequentemente, a aceitar sua argumentação com maior disposição. Nesse sentido, Pinheiro recomendava um exercício aos seus discípulos:

[...] primeiro é preciso, que verifiqueis, à medida que as fordes ouvindo, cada uma destas definições; a fim de procederdes com a certeza de que elas vos não afastam da verdade, quando vos devem servir a conhecerdes o erro. Esta verificação, que sobretudo vos recomendo, é extremamente fácil. Tomai ao acaso quaisquer frases usadas em casos semelhantes àqueles de que se tratar, e nas quais entre a expressão, cuja definição vós quereis verificar. Substituí nelas à expressão definida que vos deram. Se depois desta substituição, o sentido da frase ficar o mesmo que era dantes; tereis uma irrefregável prova de que a definição é boa. Mas qualquer alteração que ela faça no sentido da frase, é sinal certo de ser defeituosa. (Ferreira, 1970, p.40-1)

Uma vez que a verificação fosse bem-sucedida – tomando--se como medida a submissão da descrição do objeto de estudo à nomenclatura da área de conhecimento a que o objeto pertencia –, o estudante passava a arquitetar os "princípios de demonstração" da tese. Era necessária uma estratégia que levasse em conta o público da oração e, por isso, essa demonstração deveria suceder o estudo e a apresentação dos afetos e dos costumes de seus ouvintes. Para demonstrar uma tese, o orador deveria ter em mente que "conhecer um objeto significa ter ideia de todas as suas qualidades", e que uma boa apresentação dependia do reconhecimento, da lembrança e da recordação desse objeto junto ao público, operações que eram realizadas da seguinte maneira:

56. *Reconhecemo-lo*, quando ele suscita em nós a ideia daquelas qualidades, que bastem a distingui-lo de todos os outros. /57. *Lembramo-nos* dele, quando a sua ideia se suscita em nós, estando ele ausente. /58. *Recordamo-nos*, ou (o que vale o mesmo) temos *reminiscência* dele, quando também nos lembramos de outros objetos, que então sentimos, quando ele nos foi presente. (Ferreira, 1970, p.43, grifos do autor)

O orador precisava, portanto, saber conhecer, reconhecer, lembrar e recordar o assunto em questão. Precisava, igualmente, saber a diferença entre essas operações e, ainda, optar por ressaltar uma delas como o "princípio de demonstração" mais adequado ao tema e aos ouvintes com que contava. Daí em diante, a demonstração realizava-se por meio da representação desse objeto por meio da linguagem, exercício no qual a eloquência era imprescindível, dado que "67. Menos pitoresca, mas não menos sublime, a *Eloquência* consiste mais na imaginação dos nomes, que na dos objetos; e da proporção com que se distribui entre estes e aqueles, nascem os diferentes gêneros de Eloquência [...]" (Ferreira, 1970, p.44, grifos do autor). Escolher os nomes certos para a descrição de sua proporção, definir o que se entendia pelos termos essenciais do discurso proferido, formular a pergunta mais adequada ao objetivo que pretensamente se queria alcançar e estabelecer um roteiro com o melhor "princípio de demonstração", seguindo-o, é claro, constituíam as operações necessárias para a construção das provas do discurso.

Se o sujeito fosse incapaz de demonstrar de modo claro e segundo as normas do bom gosto a sua tese, era sinal de que ele não conhecia o assunto ou, pior, de que a tese era inválida. Provar uma tese dependia, portanto, do conhecimento, da eloquência do orador. Para mais, ainda que essa tese fosse válida, ela poderia ser inaceitável e, caso tal ocorresse, a comprovação também era comprometida. Cabia ao orador uma profunda formação moral para que a comprovação de sua tese fosse aceitável. Nesse campo havia uma profusão de leis, tiradas da observação, que compunham um registro rigoroso e complexo das normas morais, mas apenas os homens considerados bons eram capazes de não cometer equívocos neste que era um campo para o qual não havia manuais. Destarte, as provas de um discurso deveriam concorrer para que se desenvolvessem as ciências morais, atividade em que se esmeraram os beletristas da época.

Antes de passar ao estudo de suas orações, lembremos que a Eloquência, concebida na esteira da Retórica lusitana de 1759, era pautada pela relação entre afetos, costumes e provas. Os afetos deveriam ser tocados no início e no final das orações pelos seus exórdios e epílogos. Os oradores deveriam ter em conta, a esse respeito, que suas atitudes seriam tomadas como exemplo pelos ouvintes e, portanto, que demonstrando os sentimentos mais justos, estaria construindo uma nação mais justa também. Nos costumes, a referência invertia-se: eram os ouvintes observados pelo orador, que deveria se esforçar por adequar seu discurso à compreensão de seus receptores, garantindo aí a manutenção da sociedade vigente. O espaço dos costumes nas orações eram as proposições, sucedidas na ordem do discurso pelas provas, que deveriam ser claras e simples a ponto de serem facilmente aceitas. Essa facilidade era vista como sinal da bondade, se não da divindade dos argumentos que, considerados legítimos, faziam emanar a beleza da oração. Conclui-se dessa sequência intimamente coesa que afetos, costumes e provas se mantiveram interligados em prol de um exercício comum no Brasil: a construção de uma identidade nacional por meio da eloquência, inicialmente disseminada pelos compêndios e manuais de Retórica e Eloquência, escritos a propósito da introdução da disciplina de Retórica na instrução lusitana e, posteriormente, disseminada nos jornais fluminenses.

Se essas prerrogativas estiveram presentes em compêndios tais como os descritos até aqui, a penetração desses valores na sociedade pode ser constatada na recepção dessas obras pelo público, o que se pode avaliar: primeiro, conforme o direcionamento que os próprios autores davam às suas obras, tal como se viu na análise dos compêndios de d'Annunciada e Lopes Gama. Ora, se num mercado livreiro tão reduzido havia obras que atendiam diversos tipos de alunos em partes diferentes do reino, isso corresponde tanto à existência de consumidores para obras de instrução quanto de segmentos distintos desses consumidores e, portanto, de público, se não vasto, suficiente para o consumo dessas obras. Em segundo lugar, os planos de ensino, como os já mencionados *Plano de Estudos para a congregação dos religiosos da ordem terceira de São Francisco do reino de Portugal* e o *Plano de estudos elementares* atestam a adoção desses "métodos" em suas instruções, assinalando, inclusive, o modo como eles deveriam ser prescritos na tarefa educativa. Daí conclui-se que, além de existentes, esses compêndios eram realmente lidos e utilizados no ambiente escolar. Não obstante, os editais dos primeiros exames de Retórica e as próprias teses apresentadas para exame incluem, vez ou outra, importantes referências a esse tipo de compêndio. Ainda no âmbito escolar, a leitura e a escrita dos compêndios é constatável pela sua normatização, em 1835, quando se propôs a adoção de um único compêndio, o de Francisco Freire de Carvalho, em meio à profusão de doutrinas eloquentes em circulação. Finalmente, as críticas destinadas ao público desse tipo de obra também podem ser entendidas como prova de sua presença na sociedade de então. Citemos aqui o tom pejorativo com que o autor anônimo de *O verdadeiro pregador do século XVIII* referiu-se aos oradores da época e os motivos apresentados pelo pregador real frei Francisco do Monte Alverne para a redação de um compêndio de Filosofia em vez de um manual de Retórica. Por todas essas razões, acredita-se na

138   MARIA RENATA DA CRUZ DURAN

penetração dos valores instituídos por meio dos compêndios de Eloquência na sociedade fluminense do início do século XIX, inclusive nas escolas particulares do início do século XIX, onde, assim como nas instituições religiosas ou nas cadeiras públicas, os protagonistas da instrução sempre foram seus mestres:

> Quanto à superioridade, que alguns mestres parecem dar as escolas, e colégios particulares, julgando ser esta uma das causa que também obsta à concorrência dos alunos das classes mais abastadas nas Escolas Públicas, não duvido, visto o lamentável estado destas, que alguns daqueles lhes levem vantagem pelas razões que os mesmos mestres professam, mas devo confessar a vossa excelência que suposto não tenham um perfeito conhecimento de tais estabelecimentos, por não estarem debaixo da minha inspeção; todavia por algumas circunstâncias, que me não são desconhecidas, tenho motivos para acreditar que grande parte deles devem essa suposta superioridade mais à impostura, chalanteria dos que os regem ou dirigem, mais à credulidade, e ignorância de quem lhes confia os discípulos, do que à utilidade, e mérito real, que o encerram, e fundo-me, em que não se devendo considerar em geral senão como meras empresas as especulações da indústria, então é natural, que todos os seus instituidores, regentes ou mestres ofereceram suficientes garantias das qualidades pessoais que se querem para os dirigir com ordem, inteligência e autoridade e mais que tudo com aquele exemplo, ensino e educação moral e religiosa que se tornam tão necessários para poderem corresponder dignamente e com toda a extensão à elevada missão de que se acham encarregados. (D. Pedro IV, 1837, AN IE3)

Note-se que o mestre era uma figura central nesse tipo de sistema de ensino, e que, conforme o mestre, o número de discípulos aumentava ou diminuía.[14] Consoante, o diretor de instrução da corte

---

14 Num relatório que faz parte dos documentos sobre a Instrução Pública do Arquivo Nacional se pode perceber como era arbitrária a relação entre o número

reclamava da fama que alguns professores particulares chegaram a obter nessa época e sugeria, nesse sentido, que fosse encarregado de inspecionar as escolas particulares para que houvesse maior uniformidade na rede de instrução da época, dado que acreditava serem infundados os sucessos dessas escolas. Essa inspeção serviria para que fosse instituída uma certa regularidade no modo como a instrução era implementada no Rio de Janeiro, que desde 1759 era dispersa e fragmentada. Para o redator do ofício:

> Nem se diga, que dessa maneira se tolhe a liberdade do ensino porque esta liberdade na espécie de que se trata, deve consistir unicamente na escolha do método, na do pessoal, e na fixação do preço da contribuição ou pensão: estes são os direitos dos indivíduos, que empreendem semelhantes estabelecimentos, estes os termos em que se deve entender a liberdade do ensino, liberdade outorgada a todos, mas debaixo das condições e garantias pessoais que ficam prestadas. Entendido de outro modo tal liberdade, ela nada mais seria senão uma perigosa e funesta licença. (ibidem)

---

de mestres e o de alunos. São avaliados dois grupos de ensino no Rio de Janeiro do início do século XIX. Entre as escolas de meninos que indicam o número de alunos estão: a da Freguesia São José, com Luis Anastácio da Silva Barata como mestre, com 18 discípulos; a da Freguesia da Candelária, com Felizardo Joaquim da Silva Moraes, com 90 discípulos; a da Freguesia do Sacramento, com Francisco Joaquim Nogueira Neves, com 147 alunos; a da Freguesia de Santa Rita, com Venâncio José da Costa, com 80 estudantes; a da Freguesia de Santana, com João José Pereira Sacramento, com 75 estudantes. Entre as escolas de meninas: Freguesia da Candelária, Maria Joaquina Albana de Lorena, 12 alunas; Freguesia do Sacramento, Ana Joaquina d'Oliveira e Silva, 30; Freguesia de Santanna, Polucena Maria da Conceição, 44. Têm-se aí um total de 496 estudantes, dos quais 410 eram meninos e 86 eram meninas; os professores eram 8. Em média, seriam 62 alunos por mestre, mas como havia mais estudantes do sexo masculino, são cerca de 82 garotos para cada mestre e 28 garotas para cada mestra. O que se constata, porém, é uma discrepância da relação estudantes/mestres que varia de freguesia para freguesia e de mestre para mestre. (Arquivo Nacional, Série Educação, IE3/ CX 496: Relação das Escolas de Primeiras Letras, seus locais, nome de seus professores e número dos discípulos segundo os respectivos livros de matrículas, 1836)

Se os mestres do final do Setecentos gozavam de maior liberdade, isso também se devia à falta de suporte para a instrução. Revolvendo os documentos agendados no Arquivo Nacional, não raramente encontramos papéis que aludiam à sala da casa dos professores, e sobretudo às suas varandas, como *lócus* da instrução local. Todavia, a partir de 1808, os personagens envolvidos na instrução se multiplicam e a arquitetura dos edifícios que a abrigavam se tornava mais complexa, embora não se distinguisse do velho panóptico forjado pelas instituições religiosas durante a Idade Média, como ensinou Jacques Le Goff (2005) em *Os intelectuais na Idade Média*. Num ou noutro tempo, mestres e cátedras podem ser considerados referências permanentes na instrução luso-brasileira, e por isso já nos dedicamos ao estudo dos mestres da disciplina e de seus locais de trabalho. Trata-se, agora, de averiguar as consequências dessas lições no tipo de literatura produzida na época e avaliar se jornalistas em geral podem mesmo ser considerados os herdeiros da disciplina Retórica como anunciamos na introdução deste trabalho.

4
JORNALISTAS E LEITORES

"Fui tocado da mania de escrever e por feliz me darei se satisfazer este gosto com a utilidade de meus concidadãos."

("O amigo da justiça", *Diário Fluminense*, n.64, 16.9.1826, p.259)

O legado da Retórica no tempo da instauração das Aulas Régias para os beletristas fluminenses do início do Oitocentos é comumente distinguido nos discursos e orações de políticos e sermonistas da época. No primeiro caso, questões políticas estariam em foco e autores como Cecília Helena Sales de Oliveira (1999), Maria Lúcia Bastos Neves (2003) e Isabel Lustosa (2000) se debruçaram sobre esse campo de estudos. No segundo, a oratória sagrada e suas especificidades foi tratada em inúmeros trabalhos desde o *História da literatura brasileira* (Romero, 1949) até a publicação de *Ecos do Púlpito* (Duran, 2010).

Entre essas duas vertentes uma brecha historiográfica nos pareceu oportuna: verificar se a Retórica influenciou de alguma maneira a produção escrita da época, então impressa muito mais em jornais e periódicos em geral do que em livros. Esse intento nos pareceu justificável em razão do relevo dado à instrução que, gradualmente, passava a ser pública e laica, como ambiente embrionário da literatura nacional, geralmente estudada por meio da bibliografia produzida para cursos como o de Fernandes Pinheiro, Silvio Romero, entre outros.

Destarte, presumindo o potencial literário de outras fontes bibliográficas além dos cursos de Literatura, dos sermões e dos discursos políticos interessavam-nos os caminhos pelos quais a Eloquência contribuiu para uma aproximação entre a cultura oral e a cultura escrita, não apenas de uma maneira deliberadamente prescritiva, como se pode notar nos compêndios e manuais da matéria na época, mas também de modo a corroborar, adaptar e, por fim, reinventar as teses colhidas nesse tipo de obra. Aqui buscamos, pois, apresentar a assimilação que os jornalistas e leitores dos jornais fluminenses do início do século XIX tiveram das características típicas do ensino da retórica em sua produção textual, esperando, com isso, destacar a relevância desse tipo de instrução na invenção de uma cultura escrita local.

Estudantes de retórica, leitores de compêndios da matéria e ouvintes de sermões e discursos eloquentes, os jornalistas fluminenses do início do Oitocentos acostumaram-se a escrever seus periódicos tais como as obras com as quais tiveram mais contato, se não de que foram os próprios autores. Januário da Cunha Barbosa e Manuel Inácio da Silva Alvarenga, redatores do *Revérbero Constitucional Fluminense* e de *O Patriota*, por exemplo, estiveram entre os mais célebres mestres da disciplina na época, o primeiro como renomado sermonista, o segundo como importante mestre régio de Retórica. Jornalistas, sermonistas e mestres constituíam, portanto, um grupo comum e intercambiável, tal como se pode notar na autodefinição do redator do *Espelho Diamantino*:[1]

---

1 *O Espelho Diamantino, periódico de política, literatura, belas-artes, teatro e moda dedicado às senhoras brasileiras* foi publicado no Rio de Janeiro pela Tipografia de Plancher entre 1827 e 1828, apresentando em seu prospecto a ideia geral da obra: "A influência das mulheres sobre as vontades, as ações e a felicidade dos homens abrange todos os momentos e circunstâncias da existência..." (p.1).

Quem eu sou? Veja-se desde já se eu sou em posição de observar os costumes: Eu sou amanhã um ativo negociante armando negócios à rua da Alfândega, um empregado chalaçando a seu escritório e compondo a crônica escandalosa do dia, eu sou um comprador visitando as lojas das modistas da rua do Ouvidor, eu sou um papa-moscas escutando tremendas petas assentado à porta de um Boticário, pelo meio dia já sou um diletante, conversando no Rocio sobre música e dançarinas no mesmo instante sigo na Assembleia os debates políticos e os comentários de meus vizinhos, às 2 horas já jantei em 3 ou 4 casas de amigos e 4 ou 5 casas de pasto, quando chega a noite já fiz visitas no Bota-fogo, já sei notícias do caminho do Broco do Catete, do Catumbi e quem acende lampiões do Teatro, já me acha passeando no vestíbulo colhendo novidades, retratos, modas, observo os namoros da Plateia, para camarotes, também às vezes os da Scena para a plateia, e vice-versa, enfim, não há dia em que não tomo chá na rua da Vala para baixo e não ceio do Rocio para cima. (*O Espelho Diamantino*, n.8, 21.1.1828, p.139)

Para o editor de *O Espelho Diamantino* sua vida atribulada facilitava e conferia o direito de "observar os costumes". Sua tarefa como jornalista era a de divulgar esses costumes, direcionando o gosto do leitor por força da eloquência de seus comentários, assim como bem recomendava Bento Meneses em seu compêndio sobre a Retórica.

Dentre as inúmeras atividades, também eram muitos os frutos auferidos: "protetores entre os fidalgos [...], amigos entre os militares [...], protegidos entre os pobres" (*O Espelho Diamantino*, n.8, 21.1.1828, p.139). Frutos angariados por meio de uma atitude prescrita nas práticas eloquentes e tidos como vantagens da reputação necessária ao literato da época, haja vista que, muitas vezes, a fama de letrado antecedia o uso da pena, como assinalou Alexandre de Gusmão:

Contra a sorte comum de todos os que entram na carreira literária, consigo a coroa, antes de haver legitimamente assinalado no certame. A insígne honra de ser admitido ao vosso número me

144   MARIA RENATA DA CRUZ DURAN

bastaria, depois de grandes produções por único prêmio dos varões mais eruditos, me concede hoje a vossa benignidade, sem ter mais prova da minha suficiência, que a notícia de haver em mim uma suma veneração às letras, e um desejo ardentíssimo de vir a merecer nelas algum nome. Porém tanto teria de oportuna esta recomendação por me aceitardes discípulo vosso, quanto é ineficaz alcançar o glorioso título de vosso colega. (Gusmão in *O Patriota*, n.4, abr. 1813, p.29)

Tanto quanto a reputação de sábio e de orador dava substância à de escritor, a boa recomendação também respaldava o ingresso de um letrado na carreira jornalística. Em uma sociedade onde as obras não possuíam grande divulgação, o prestígio de um letrado sempre falava mais de sua inteligência do que suas obras, antes mesmo que se provasse sua "suficiência", de modo que, para alguns títulos, "pronunciar o nome do autor [era] fazer o elogio da obra" (*O Patriota*, n.1, jan. 1813, p.128). Por conseguinte, para lançar-se à carreira jornalística, o letrado deveria ser aceito no reduzido grupo dos letrados locais. Um dos requisitos desse ingresso era a manutenção de uma posição humilde a ponto de não se autodenominar escritor, conforme recomendável nos manuais de Eloquência e reforçado na pena de Januário da Cunha Barbosa:

Bem longe de ambicionar aparecer em público com o caráter de Escritor, faltando-me para isso todos os conhecimentos necessários, contudo arrebatado do verdadeiro espírito constitucional, que me anima, torno a deliberação de remeter-lhes para serem expostas ao público as minhas débeis e curtas reflexões, implorando o perdão daqueles, em cujas prudentes mãos cair este pequeno escrito, sendo só minha intenção tirar todo o abuso dos que ainda talvez pensam na rivalidade entre portugueses europeus e brasileiros, quando todos formamos uma só família. Alto venerador JCS, Carta e reflexões sobre o anúncio da última parte deste periódico. Rio de Janeiro, 12.9.1821, in *Revérbero Constitucional Fluminense*, n.3, 15/10/1821, p.32)

RETÓRICA À MODA BRASILEIRA 145

Para ser considerado um beletrista era preciso ser reconhecido como tal, no que a Eloquência era muito mais eficaz, pois a reputação valia mais que a opinião do sujeito sobre si mesmo e a Oratória ainda era mais conhecida que a Literatura.

Nesse sentido, fiar-se no testemunho de figuras respeitáveis e esclarecer dúvidas, assim como combatê-las, ainda que comedidamente, também era recomendável, pois assegurava, à sombra de bons exemplos sociais, que a conduta do orador, se não do escritor, seria comparável à daqueles que citava e diferente daqueles que criticava. Por isso, em várias oportunidades, os beletristas da época recorriam a uma ou outra "testemunha muito respeitável da nota de muito fiel" ("Discurso sobre a tradução" in *O Patriota*, n.3, mar. 1813, p.69). Com tal atitude, o letrado identificava-se com um grupo que agia por uma causa comum, fugindo dos devaneios da vaidade pessoal, então identificados como fruto de um erudi-tismo pernicioso, que onerava a sociedade em razão da satisfação dos desejos de um único homem. Nesse duelo de palavras, valiam regras similares àquelas que levaram os personagens de Josef Conrad ao cadafalso, no conto "O duelo", de 1907. Em torno dessas lutas e de suas regras incontornáveis, porque baseadas na honra, construía-se uma vida inteira de disputas que, no início do século XX, já pareciam muitas vezes não ter mais do que um fim em si mesmas (Figueiredo, 2001).

Voltando para o início do século XIX e o sem-número de regras a um tempo sociais e retóricas, o mesmo compromisso com a ver-dade, que levava os padres-mestres a uma postura de reveladores e guias, inspirava os jornalistas do início do Oitocentos; todavia, essa verdade não seria mais revelada pela fé e tampouco consagrada pela escritura bíblica, mas, sim, comprovada por meio de sua contri-buição ao progresso coletivo. Assim é que, uma vez posicionado, o escritor preocupado com o progresso da nação deveria ter como guia de conduta uma nova noção de verdade, pautada por uma atitude de franqueza mais próxima da ciência do que da religião. Assim, teoricamente, os jornalistas da época acreditavam que:

146   MARIA RENATA DA CRUZ DURAN

O escritor, que põe seu fito no bem geral, não deve temer expressar-se com fraqueza, e muito principalmente quando a constituição
lhe concede esse direito, e lhe pede esse serviço. O escritor recebido
com benignidade deve ao público as suas reflexões, ou como agradecimento da honra, que lhes recebe ou como obrigação, à que se
submete servindo a causa constitucional. (*Revérbero Constitucional
Fluminense*, n.5, 15.11.1821, p.50)

Dotado dessa atitude humilde e franca, o letrado deveria ter em
mente que sua instrução se devia à população de seu país, que sus-
tentava seus estudos. A noção econômica da instrução era nova na
época, atribuída à afirmação recente do ensino oferecido pelo Estado.
Mantinha-se a ideia de que o letrado convertia seus conhecimentos
em benesses para o povo; contudo, o beletrista que passava a investir
dinheiro no desempenho dessa missão também começava a se preocupar com o ressarcimento da atividade sustentada por impostos,
recolhidos à propósito da estrutura administrativa do Estado e não
mais do dízimo, pago em prol da Igreja, e, consequentemente, entendido como um investimento na vida eterna. Quando deixava claro
que se importava com a cobertura dos gastos realizados, entretanto,
o letrado era considerado mesquinho, pouco digno de confiança
e o mesmo parecia ocorrer com os administradores públicos que
cogitaram a ideia de mensurar o retorno do investimento público na
formação de uma *intelligentsia brasileira*.[2] Assim é que os letrados
da época se esforçaram por aparentar desprendimento de interesses
materiais, buscando, contudo, os recursos necessários para a efetivação de seus projetos no Estado. Se fornecer subsídios para a educação
da população era uma tarefa que cabia ao Estado, a ausência de seu
empenho era sempre entendida como um débito, uma negligência e
a iniciativa pessoal, privada ou particular, quando existente, era vista
como generosidade desinteressada, bondade cristã.

---

2 Como ocorreu a José Bonifácio de Andrada e Silva ao emitir uma carta solicitando o número de mestres por alunos dos estados brasileiros e a relação geral
   de tópicos debatidos em aula.

RETÓRICA À MODA BRASILEIRA   **147**

Ao comportar-se dessa maneira, o intelectual prevenia-se das possíveis rejeições à sua opinião; mesmo que sua intenção não fosse a de "agir como um pregador". Os jornalistas acreditavam que, como tais, deveriam "se posicionar"[3] e, no intuito de demarcar seu espaço, envolto na tensão de atuar como um orador sem ser confundido com o pregador, alguns deles chegaram a descrever seu ofício de acordo com a postura desejada:

O ofício de um jornalista sisudo e imparcial, que vê as coisas a sangue frio e as pesa com equidade é tão necessário como honroso, pelo serviço que faz à pátria, quando se cativa cada semana, ou cada dia, não só para os instruir, espalhando luzes e ensinando-lhe a ajuizar com prudência e discrição. Desta maneira é que tem direito aos aplausos públicos. Um escritor pode ser severo sem mordacidade, exato sem minúcias e justo sem imparcialidade. (*O Despertador Constitucional Extraordinário*, n.3, 1.2.1825, p.2)

Uma vez declarando sua atividade como imparcial e justa, e, ainda, dependendo do Estado para publicá-la, esses jornalistas acostumaram-se a supor que seu modo de apresentar as ações do Estado também fossem imparciais e justas. Para os letrados da época, muitos deveriam ser os beletristas empenhados nessa tarefa, pois, segundo os editores de *Atalaia da Liberdade*,[4]

[...] a diversidade dos planos, que cada jornalista estabelece na composição dos seus periódicos conserva a separação e a independência

---

3   Na construção da reputação que o autorizava à publicação, o jornalista da época tinha que assumir "o papel do orador, castigando, ou avisando a comunidade e os indivíduos" dos possíveis males de certas ações, efetivando aí sua "profissão de fé, tanto para a dar às suas palavras o peso da consciência e da probidade, como fornecer ao público que ele admoesta uma medida com a qual este o possa a seu turno avaliar e sentenciar" (*O Espelho Diamantino*, n.9, 4.2.1827, p.3).

4   Editado pelo português João Maria da Costa, o periódico Atalaia da Liberdade circulou no Rio de Janeiro no ano de 1826. Sua referência completa é *Atalaia da Liberdade*. Rio de Janeiro: Tipografia Plancher (1-2), Imprensa Imperial e Nacional, 1826. Aqui utilizaremos *Atalaia da Liberdade*.

de todos e o concurso das fadigas literárias de diferentes homens, os estimula todos à mais séria aplicação e a adquirirem maiores luzes, melhor opinião pública e vantagens da reputação, que tem um valor inapreciável para o homem de letras. (*Atalaia da Liberdade*, nº extraordinário, 4.2.1826, p.1-2)

Adequada à necessidade de progresso rápido, numa terra de pouca civilização e abundância de recursos, a agilidade da imprensa era enaltecida como "um dos mais fáceis e vantajosos" meios de "promover o melhoramento dos conhecimentos humanos" (*Jornal Scientífico, Economico e Literário*, n.1, maio 1826, p.4). Nesse sentido, o jornalista deveria ser um homem pragmático, tendo sempre em vista a necessidade de objetivar seu discurso como uma ferramenta para o progresso da nação. Como os temas tratados pelo letrado eram considerados aspectos de seu próprio perfil, o literato acostumou-se a eleger somente grandes e bons temas para seus discursos – concentrando-se no mal e no pequeno apenas quando criticava este ou aquele colega –, dando origem a um discurso de padrão ufanista e em continuidade ao padrão grandiloquente, no qual poucas vezes contou-se com uma autoavaliação, se não uma autocrítica autêntica e aprofundada.[5]

A reputação dos letrados empenhados na carreira jornalística era mantida pela constância das publicações. A suspensão dos números de um jornal era indício de uma inconstância na produtividade de seu autor, testemunhando contra o jornalista e, por isso, o letrado esforçava-se ao máximo em agradar seu público, mesmo que fosse

---

5 A disposição e a classificação dos discursos dependiam do seu tema e abordagem. Acreditava-se que um bom discurso e, de modo correlato, uma boa dissertação dependiam tanto de um bom tema quanto de uma boa redação. Para os autores da época "ter mal gosto na escolha de qualquer assunto para composição literária não é o mesmo que desempenhar mal o assunto escolhido" (*Jornal Scientífico, Economico e Literário*, n.2, jun. 1826, p.92). Por essa razão, os princípios da Eloquência mantiveram-se presentes nos periódicos mesmo quando orações, discursos e sermões não eram publicados.

necessário bajulá-lo oferecendo-lhe largo espaço de participação em sua folha.

Em tais ações, a manutenção de práticas eloquentes oriundas das aulas de Retórica, dos compêndios da disciplina, dos sermões e orações do final do Setecentos e do início do Oitocentos foi ainda mais presente, porque o público instruído da época identificava-se com tais usos e, por meio deles, explicava-se melhor no texto, consumindo mais o jornal.

Entre essas práticas pode-se destacar a classificação das obras, o fornecimento de textos estrangeiros, a publicação de discursos locais e a crítica dos trabalhos apresentados, difundindo um estilo no qual se procurava instruir a população recreando seus sentidos.

Nas missivas, onde a opinião e o gosto prevaleciam, é difícil identificar os autores, ainda que se saiba da existência de uma certa camaradagem, pela qual os editores dos jornais trocavam correspondências.[6] Nesse tipo de contribuição, o gosto prevalecia porque a obrigação de informar ficava sempre a cargo dos editores, sobrando para os correspondentes o espaço à crítica e ao comentário que, como alguns editores costumavam assinalar nos prospectos de seus jornais, faziam parte da "notícia" por constituírem amostras da inteligência pública sobre este ou aquele assunto, acrescentando informações a que os editores não teriam acesso.

A dificuldade em definir os autores de cada artigo, contudo, não se estende à definição dos objetivos desses periodistas. Embora alguns escritores anotassem que seu fim não fosse o de "divertir os espíritos, mas fazê-los úteis por tudo quanto interessa à prosperidade nacional" (*Annaes Fluminenses*, 1822, p.19), realizando "um

---

6 Ou, de outro modo, por meio das críticas que se encontrava em jornais rivais, como essa de *O Verdadeiro Liberal*, em que se procurava, pelos vícios do texto, descobrir seu autor: "Seria talvez certo padre mestre ex-leitor de eloquência, etc., etc., também não, posto que a calúnia apareça debaixo de todas as suas possíveis variações naquele artigo, ele não abunda de citações, nem de certos infalíveis termos de que sempre usa em seus escritos, por onde se faz bem conhecer; não é o padre mestre o seu autor" (*O Verdadeiro Liberal*, n.2, 4.3.1826, p.1). * resposta ao senhor Loureiro de *O Fluminense*, n.47.

150   MARIA RENATA DA CRUZ DURAN

serviço útil à pátria em abalançar-se a esta empresa" (*O Patriota,*
n.6, jun. 1813, p.97), a maioria procurava harmonizar a instrução à
recreação, isso porque se acreditava que:

Instruir recreando é o desempenho mais completo dos esforços
do gênio do homem, que se dedica a servir os seus semelhantes,
comunicando-lhes os seus sentimentos. Este desígnio conduz os
trabalhos dos escritos periódicos, porque eles têm uma preferência
marcada para realizarem aqueles fins. A variedade dos assuntos,
a rapidez com que são tratados, os atrativos da novidade, que
chamam e prendem a atenção, os encantos mesmo do estilo, se ele
corresponde ao assunto, a facilidade de se obterem estes escritos e
a brevidade com que se leem, são outros tantos incitamentos, que
convidam a aproveitar estes meios de espalhar entre os cidadãos
as idéias necessárias, úteis e agradáveis, servindo-se ao mesmo
tempo a moral, a política, as artes e a civilização, sem custo das
pessoas que, buscando muitas vezes somente o que as pode dis-
trair, encontrando sólida instrução e as regras de virtuosa conduta
se por uma parte estas verdades são reconhecidas, por outra são
atacadas, confundindo-se a obra com o autor e decidindo-se pelo
abuso, ou pelo interesse particular das vantagens, que podem
tirar-se dos mais bem fundados estabelecimentos. Pervertem-
-se as melhores instituições e nem por isso elas podem ou devem
proscrever-se. Os periódicos servem em sua extensão para todos
os fins saudáveis. Se se transtornam, é o mal das paixões, e não da
obra, e sempre será mais feliz e mais ilustrada a nação, em que a
leitura dos periódicos generalizar a instrução pública, combatendo
a ignorância, os abusos e os prejuízos, em qualquer parte onde
eles se descubram e consagrando à causa da razão as luzes e os
trabalhos dos homens instruídos. (*Atalaia da Liberdade,* n. extraordinário, 4.2.1826, p.1-2)

Escritos para instruir e, ainda, para aperfeiçoar o gosto dos leitores, os jornais ofereciam parâmetros pelos quais maneiras, hábitos
e preferências desses pudessem ser refinados e, depois, atualizados.

RETÓRICA À MODA BRASILEIRA 151

Por meio da leitura dos periódicos, poder-se-ia "generalizar a instrução pública", o que significa dizer que na literatura produzida nos periódicos do início do século XIX existe a difusão de um projeto educacional que tinha em seu germe a noção humanista de uma educação retórica; se a instrução vigente tinha a Retórica como eixo onde pretendia generalizar a instrução, então essa generalização seria também da Retórica.

O alcance de tal educação deveria ser amplo, dado que se esperava "combater a ignorância" "em qualquer parte" onde ela estivesse. A ignorância, para os letrados, não era apenas relativa aos analfabetos da terra; mas constituída sobretudo pelos letrados com poucos conhecimentos e pelos sábios com muitos preconceitos e pouca atualização. Nesse intento, levavam-se em conta os diferentes níveis de instrução dos leitores. Assim, cada jornal apresentava, antes de iniciar sua circulação, um prospecto de seu trabalho, onde se estipulava do número de páginas ao tipo de artigo que seria publicado, além do leitor que deveria procurar a obra. Em *O Spectador Brasileiro* apresenta-se um desses prospectos, no qual se pode ler:

Não seguiremos na redação a marcha dos outros escritos periódicos que se publicam nesta corte imperial. Os agigantados passos, que no decurso de 4 anos os brasileiros tem dado para a sua civilização nos impõem o dever de dirigirmos o jornal pelo método dos de França e de Inglaterra.

Tudo pela pátria, eis aqui a nossa divisa e jamais nos afastaremos deste círculo em que nos concentramos.

A primeira parte do jornal será destinada tão somente para os artigos do Brasil. Editais da câmara, da polícia, etc. Daremos notícias sobre o estado da Europa, servindo-nos das correspondências, que já havíamos estabelecido para esse fim. A segunda parte será composta por artigos sobre agricultura, ciências, costumes e a terceira sobre o comércio. (*O Spectador Brasileiro*, n.4, 5.7.1824)

Quando esses prospectos estiveram ausentes, o editor apoiava-se na escolha de uma epígrafe que demonstrasse com a maior exatidão possível as intenções ou a postura que ele tomava ao redigir aquela folha.

Em geral, dois tipos de leitores concentraram as atenções dos jornalistas: a mocidade e os sábios, cada uma exigindo do periodista um estilo diferente de escrita. No caso da mocidade, privilegiava-se a instrução; no dos sábios, o refinamento e a atualização dos conhecimentos estavam em primeiro plano. Para os jovens, a educação era importante por ser considerada "o único e principal agente da fortuna pública e individual e a mola real, que põe no mais acertado movimento a máquina dos estados"; nela se depositavam as esperanças de conquistar "a necessária força, para diminuir os crimes na sociedade, para aumentar a povoação, para dar-lhe a devida energia, para enriquecer o erário" (Annaes Fluminenses, 1822, p.95).[7] Com esse tipo de discurso esperava-se forjar novos costumes sociais, capazes de sustentar a implementação de um projeto político e cultural novo: o de uma nação brasileira. Seu sucesso, contudo, era incomensurável para os coetâneos, a aposta era feita sempre no devir – tal como nos discursos orais em que o melhor da oração era sempre o seu fim, quando a persuasão do ouvinte o moveria na direção apontada pelo orador.

Em algumas oportunidades, os jornalistas da época radicalizaram sua redação, propondo-se a escrever "para aquela classe de cidadãos que não frequentaram estudos, para os quais um exemplo bem aplicado vale mais que o discurso mais conducente e mais enérgico" (O Bem da Ordem, n.3, 1821, p.21). Nesses casos, o texto aproximava-se ainda mais das antigas práticas caracterizadas pela oralidade, sem,

---

7   Tais razões faziam com que se acreditasse que "todo o Governo devesse cuidar da Instrução Pública", pois "[...] quanto mais forem iluminadas todas as Classes, menos serão seduzidas pela superstição e entusiasmo, que entre as Nações ignorantes, são as fontes ordinárias das maiores desordens, das quais a Ciência é o antídoto específico. Supondo-se que os administradores da República são sábios, e hábeis, não o sendo a Nação, que oposição, que rivalidade na execução dos mais belos projetos? Não basta que os Chefes possam formar os melhores planos, é também preciso que o Povo seja capaz de recebê-los, sendo essencialmente exigível curso recíproco, e perfeição mútua de luzes entre o Governo, e a Nação" (Revérbero Constitucional Fluminense, n.18, 12.3.1822, p.211).

RETÓRICA À MODA BRASILEIRA   153

entretanto, granjear boa fama entre os beletristas da época, que viam
aí o exercício de uma arrogância fora de moda:

Eis os Escritores do dia arrogando-se o direito não só de Censores
os Homens Públicos, mas também de Instrutores dos Representantes do Povo, impondo à Nação o label de ignorante! Até agora não
haviam Bibliotecas e Universidades? Não se achavam nas mãos
de qualquer medíocre literato tantos livros sobre as Constituições
dos Estados antigos e modernos? Só Aristóteles examinou mais de
duzentas que existiam em seu tempo. Ele no seu Livro de Ouro da
Política bem diz que não se podia formar os bons edifícios com ruins
materiais. Agora é que os candidatos para a Deputação ao Supremo
Conselho Nacional, não tendo dado anos de ofício, se hão de fazer
sábios repentinos? Agora é que hão de mendigar a lição de Folhetos
da Quadra? Deus nos livre de tais aprendizes e admiradores dos orá-
culos dos Trofonios ressurgidos. (*O Amigo do Rei e da Nação*, 1821)[8]

Não obstante, a instrução da juventude era imprescindível, assim
como a recreação. Recreativos, os jornais da época atendiam muito
mais os velhos, servindo "de estímulo para os sábios, que a quiserem
enriquecer com os seus conceitos" (*Annaes Fluminenses*, 1822, p.3).
Para os periodistas, o papel dos seus sábios leitores era aperfeiçoar os
conhecimentos já obtidos, modernizando seus saberes. Para atendê-
-los, os jornalistas deveriam instigá-los movimentando as letras
locais ao sabor da novidade, dos prazeres de um entretenimento
intelectual e de uma cultura de salão que muito contribuíam para a
civilização da população local. Sendo a provocação dos periodistas
sua maior missão junto aos sábios, tomavam-se esses tais como
os oradores de antanho, os porta-vozes da nação, os instrumentos
divinos por meio dos quais se persuadiam os grandes homens a
cumprirem seu destino.

---

8 Ovídio Saraiva de Carvalho e Silva publicou, em 1821, o periódico *O Amigo do
Rei e da Nação*, "que circulou no Rio, entre março e junho, tirando apenas três
números" (Sodré, 1977, p.57). *O Amigo do Rei e da Nação*, Tipografia Real,
1821.

154   MARIA RENATA DA CRUZ DURAN

Portadores de uma promessa de felicidade e por isso admirados, esses homens de público amplo incitavam seus ouvintes a agir, mas não realizavam suas propostas, e nessa diferença reside uma característica indelével, e de origem retórica, na cultura brasileira: as propostas e o futuro valiam mais do que a realização e o presente. Aqui, a figura de um Vieira visionário e de um D. Sebastião promissores sensibilizaram muito mais do que a imagem de um pesquisador de química e seu rei glutão.

Nessa tarefa propositiva, procurava-se disseminar a ideia de que uma das ocupações mais nobres dos sábios era escrever e "publicar bons escritos" (apud Americus, 1825, p.207) – atividade tão nobre quanto lecionar e proferir importantes orações. A proposta da imprensa fluminense do início do século XIX era, portanto, "instruir recreando", e uma das formas de educar e entreter a população foi a classificação das obras literárias, feita a partir da alocação deste ou daquele tipo de obra nas seções dos jornais. A classificação "obras literárias" incluía muitas odes e poemas, algumas máximas, reflexões sobre a gramática e dois discursos que, de certo modo, endossam a noção de "literatura brasileira" assinalada por Pereira e Silva, em 1836.[9] Nos periódicos, a literatura era tema para seções intituladas "Poesias e Belas Letras", como no *Jornal Scientífico, Econômico e Literário*, número 1, onde se publicou o poema *Vila Rica* de Cláudio Manuel da Costa e as *Viagens à China e Japão*, de Alexandre I. De modo geral, tanto em jornais de cunho literário, como em gazetas de verve política, eram muitos os discursos, as falas e orações publicadas que, como em *O Patriota*, foram inseridos nas mais variadas classificações. Na folha mencionada, os discursos ainda faziam parte da seção "eloquência", que mereceu algumas poucas aparições exclusivas, sendo a primeira no número 4, de abril de 1813, com a *Prática de Alexandre de Gusmão, entrando na Academia Real de História Portuguesa, em o dia 13 de março de 1782*; a segunda com o *Discurso do desembargador Velozo* (I, 5, 15); e a ter-

---

9   Para o autor citado: "...a literatura é hoje a reunião de tudo o que a imaginação exprime pela linguagem..." (Silva, 1978, p.215).

ceira com o *Exame da resposta defensiva e analítica à censura, que o redator fez do juramento dos Nunes* (III, 1, 63). Na seção *História*, há, entre outros, um discurso e na *Política*, um manifesto, um discurso, uma fala e duas declarações.

Nos editoriais e correspondências, a preocupação estética da eloquência era detectada em razão de uma combinação de palavras capaz de sensibilizar o leitor, mantendo-se a noção de que um dos meios mais eficazes de se persuadir o leitor era tocar-lhe os afetos por meio de boas palavras. Para esses gazeteiros, "as qualidades das boas palavras [...] se podem reduzir a três: que sejam regulares, belas e significantes" (Advertências sobre as boas palavras, *O Patriota*, n.5, maio 1813, p.20). Nessa escolha, "são estimadas, singularmente aos poetas e oradores, as que no seu mesmo som parecem imitar o seu objeto" (ibidem, p.24).

No bojo desses interesses, trechos como o excerto a seguir eram comuns porque se exaltavam as qualidades do país, tanto pelas grandezas apresentadas quanto pela beleza altiloquente do texto, repleto de palavras e combinações muito caras aos literatos da época, tais como "encerrava no seu seio", "preciosidades da natureza", "nações bárbaras", "resto do mundo", "homens suscetíveis":

> O Brasil, escondido por muitos séculos às vistas dos geógrafos, encerrava no seu seio todas as preciosidades da natureza; era um grande tesouro, mas só possuído pelos indígenas, nações bárbaras, destituídas de conhecimentos polidos, e de toda a comunicação com o resto do mundo, que nem supunham existir fora do círculo das suas vistas, necessitando por isso mesmo de quem as tirasse do esquecimento para encaminhá-las a glória, de que os homens são suscetíveis. (*Revérbero Constitucional Fluminense*, n.3, 15.10.1821, p.32)

O sucesso dessas combinações de palavras era garantido pela sua simetria com as noções de uma postura moral na qual, por exemplo, supunha-se valorizar a natureza como obra divina. Não obstante, pressupor a evolução dos homens e as fraquezas humanas

significava instruir o brasileiro da relação entre a beleza e a moralidade, garantindo o progresso da civilização, se não pela razão, ainda
falha na opinião desses autores, pelas paixões – sempre mais fáceis
de guiar. De mais a mais, acreditava-se que a sensibilidade era um
meio exequível de efetivar a instrução, sobretudo a brasileira, pois:

> A [instrução] nacional não pode ser uma instrução científica,
> é tarde e raramente que ela se dirige ao entendimento. Mas fazei
> que uma nação sinta vivamente e vós a fareis vivamente pensar. (*O
> Spectador Brasileiro*, n.LX, 19.11.1824, p.3)

Se, no Brasil, a relevância da ciência era legada a segundo plano
em razão da morosidade de seus efeitos, a estética, e leiam-se os afetos previstos na educação eloquente, eram imprescindíveis porque
mostravam-se mais ágeis e eficazes junto à população ignorante.
Nessa tarefa, inúmeros autores tais como Garção Stockler, citado
no *Exame da resposta defensiva e analítica à censura que o redator
d'O Patriota fez ao drama intitulado O juramento de Nunes*, deram
exemplos, afirmando, sobre as suas preferências:

> [...] que Rousseau arrabeta-me, mas que d'Alembert convence-
> -me, e que quanto a mim o filósofo que possuir o talento da poesia,
> combinado aos escritos de um e de outro, poderá deles deduzir as
> verdadeiras regras de um teatro capaz ao mesmo tempo de interes-
> sar os homens e de corrigir os seus defeitos, de um teatro que seja
> juntamente o lugar de recreio e a escola da moral. (*O Patriota*, n.1,
> jan.-fev. 1814, p.68)

Nessa "escola da moral", valia incitar a população ignorante às
paixões edificantes, cujas primeiras instruções foram mediadas pelos
sermões e orações que, nos jornais da época, ganhavam novo espaço
por meio de uma crítica especializada, preocupada com a descrição
e a avaliação desse tipo de obra, como se lê em *O Patriota*, a propósito da *Oração de ação de graças, recitada na Capela Real do Rio de
Janeiro, celebrando o 5º aniversário da chegada de SAR com toda a sua*

real família a esta cidade. Por Januário da Cunha Barbosa, pregador da real capela, professor de filosofia, etc.:

O autor tomou o seu tema do capítulo 3º do Levítico, em que Moisés manda celebrar a liberdade do povo hebreu no mês de março. Deduz o seu exórdio da gratidão com que se deve corresponder os assinalados benefícios, comprovada com o exemplo que o texto oferece, o qual compara com o desvelo, com que a providência defendeu a SAR dos laços cavilhosos do déspotado continente. Passa depois a algumas reflexões sobre a justiça da causa, que sustentamos. A sua reflexão é fundada na depravação da França e preservação de Portugal e de Espanha e deriva desta a expectativa de que a península devia ser o berço da liberdade do continente. Esta teve princípio na generosa resolução, com que SAR saiu de Portugal.

A má fé comprovada por infrações de tratados, por violentas rapinas, por injustas invasões e mais que tudo pela nossa neutralidade iludida é o argumento que firma a sua proposição.

A figura a que os retóricos chamam preterição faz roçar levemente o júbilo dos habitantes desta cidade no dia 7 de março, realçado pela recordação (ainda que leve aos assombrosos males que se desviaram da augusta cabeça de SAR. A aluviosa prisão de Fernando VII é um exemplo bem sensível, enquanto por outra parte a derrota dos tiranos em Vimeiro foi correspondida pela sua expulsa de Capina, de que é um devoto monumento a imagem da sr. da vitória recebida na casa do Obedon.

Reflete então sobre as progressivas perdas dos inimigos das 3 diferentes invasões, sobre as vitórias, que acompanharam as armas aliadas, dignas da grande causa, vitórias que despertaram as nações, que seguram o seu brioso exemplo, para sacudirem o julgo estranho, que sobre elas pesava.

Remata o seu discurso (?) e que nos empenhemos por merecer a proteção do céu, evitando a corrupção dos costumes; e convidando-os ao justo regozijo por tão digno motivo; e a suplicar ao Onipotente a paz que dará mais realce a festividade daquele dia memorável.

158   MARIA RENATA DA CRUZ DURAN

Este ligeiro esforço dá uma ideia muito imperfeita do discurso. Os ornatos de eloquência dão vida a este esqueleto, e o apresentam com todo o seu garbo, portanto só a leitura da oração pode dar ao leitor o verdadeiro conhecimento do apreço que ela merece. (*O Patriota*, n.4, out. 1813, p.90-2)

Nesse excerto, o crítico da obra analisa as partes da oração segundo as prescrições retóricas de composição de um discurso. A crítica inicia-se pela localização das referências da obra, se não de seu mote; passa pelos argumentos do discurso, encontrando as justificativas utilizadas pelo orador em sua oração; em seguida, avalia as provas dessa oração e a maestria de seu orador ao recorrer às figuras de linguagem mais usuais da época. A peroração também é submetida às vistas do crítico, que finda observando o modo como o orador apresenta seu epílogo e exorta a população à reflexão. Para arrematar a crítica, a chancela do redator é favorável à oração apresentada, recomendando a leitura da obra, para garantia do "verdadeiro conhecimento do apreço que ela merecia".[10] Aqui a

---

10 Essa não foi a única vez em que uma oração foi submetida à crítica da época, entre outras, a Oração fúnebre que nas exéquias da sereníssima senhora D. Maria Ana Francisca Josefa Antonia Gertrudes Rita Joana, infanta de Portugal, mandadas fazer por sua alteza real o príncipe regente n. Sr., recitou na real capela desta corte, em o dia 14 de junho de 1813, F. Francisco da Mãe dos Homens, religioso agostinho reformado de Portugal, também mereceu análise acurada. Nessa, o redator principia pela descrição da satisfação com que ouviu "recitar esta eloquente oração", assinalando ainda que esse sentimento "cresceu sobremaneira quando lemos e consideramos suas belezas". Segundo o crítico, a estrutura do texto atende à todas as exigências da eloquência da época, pois seu autor destaca: "[...] as virtudes da sua heroína; fazendo sobressair a sua caridade e a sua humildade. Toca delicadamente no último período da sua existência com um estilo próprio de Bossuet. Perora, recomendando a virtude como único brasão da grandeza, o que prova com o seu mesmo objeto; e remata dirigindo ao altíssimo as preces, que a Igreja ensina na Sequência da missa." (*O Patriota*, n.1, jan-fev/1814, p.115). Em outras palavras, o orador obteve sucesso com seu discurso porque escolheu uma heroína legítima como tema, obedeceu às normas retóricas, copiou um cânone no assunto e perseguiu um objetivo virtuoso. De mais a mais, o crítico ressalta que "neste rápido esboço, escapam as belezas da dicção", mesmo que "mui castigada

magnificência do autor se apresenta matizando o esforço recorrente da humildade; nessa magnificência o que podemos notar é mais uma das cores da retórica cristã dos oradores e jornalistas brasileiros. Além disso, nessa vertente da crítica, apresentavam-se as orações como textos que aguçavam a destreza do letrado e os compêndios como referências que serviam para avaliar uma composição. A eloquência, portanto, adestrava os leitores.

Nesses parâmetros, a crítica figurava como uma espécie de legislação ou registro dos costumes, procurando-se aperfeiçoar o gosto local. Esse padrão de atitudes tinha como objetivo estabelecer a coesão das opiniões vigentes em prol do bem comum. Assim, os literatos trabalhavam para "reunir a Opinião Pública, sem separar os interesses da pátria dos interesses da nação em geral" (*Revérbero Constitucional Fluminense*, n.7, 15.12.1821, p.81). Interessante notar que, para legitimar um texto ou uma crítica, os autores internacionais eram preferidos aos nacionais, de acordo com novas tendências literárias. Entre os autores mais citados estavam Kant, Montesquieu, Smith, Say, La Place, Bentham e Werner.[11]

Embasados em noções importadas de pensadores da Inglaterra ou da França, mas raramente nos poucos autores locais, um dos principais esforços dos jornalistas era o de adequar projetos e reflexões estrangeiras à realidade local. Nessa tarefa, a distância entre a realidade estrangeira e a brasileira era suprida pela abundância de vantagens físicas que esses autores atribuíam ao país e por uma noção evolutiva do desenvolvimento das nações, levando em conta o tempo de nascimento do Brasil como país e, portanto, situando-o como jovem prodígio.

---

dos galicismos", mas sobressai o "ajustado emprego das figuras e tropos, a harmonia dos períodos e outras muitas coisas que o leitor inteligente lerá com satisfação" (*O Patriota*, n.1, jan-fev/1814, p.115).

11 Nesse âmbito, os sábios procuravam sempre "acostar-(se) às opiniões de homens bem respeitáveis na República das Letras", pois acreditavam que "era melhor copiar do que desfigurar" (*Revérbero Constitucional Fluminense*, n.24, 23.4.1822, p.50), estimando antes "errar com estes, do que acertar com aqueles que só escrevem para verter em seus escritos o veneno e a raiva que lhes ferve no coração" (*Revérbero Constitucional Fluminense*, n.19, 19.3.1822, p.226).

160 MARIA RENATA DA CRUZ DURAN

De todo modo, a situação imediata era o ambiente preferível para a busca de notícias, mas nem sempre o jornalista fluminense do início do Oitocentos deveria valer-se da atualidade para escrever, conforme assinalou o editor do *Spectador Brasileiro*:

Ainda que presentemente circulem nesta corte imperial algumas notícias relativas à revolução última de Portugal, mesmo elas imporiam uma grande responsabilidade do editor do jornal se as publicasse sem um autêntico digno de fé, nós as deixamos amadurecer na árvore do tempo para depois as darmos ao prelo circunstanciadamente. Os jornalistas empenhados a encher suas folhas, copiam tudo, sem passar pelo compasso da boa crítica, e assim muitas vezes são obrigados a retratarem... (*O Spectador Brasileiro*, n.13, 24.7.1824, p.1)

Segundo essa forma de entender o jornalismo, mais importante do que oferecer novidades e estabelecer tradições literárias era manter a confiabilidade do jornal e a credibilidade do jornalista, o que significava dar preferência à apresentação de provas do discurso antes por meio de uma síntese posterior do que por meio de uma visão imediata, parcial e possivelmente equivocada de um assunto. Contudo, a notícia não podia ser tão velha que se tornasse história, nem tão nova que não permitisse uma sinopse.

Como as notícias não eram assim tão novas, nem as sínteses tão acuradas, o diferencial oferecido por esse tipo de literatura era suscitar a crítica e indicar o caminho da instrução para seu público, tendo nessa "sua política peculiar" a intenção de "fazer o povo entrar em considerações dignas de sua atenção" (*O Spectador Brasileiro*, n.34, 17.9.1824, p.3. "Um Francês brasileiro"). Não obstante, o meio para levantar esses debates era, mais uma vez, a comoção dos afetos.

Emotivos, os literatos brasileiros reservavam-se o direito de criticar aqueles autores estrangeiros que não percebiam a grandeza do país apelando, para isso, aos conhecimentos dos costumes. Nesse sentido, chama a atenção o *Exame de algumas passagens de um*

RETÓRICA À MODA BRASILEIRA   **161**

*moderno viajante do Brasil e refutação de um dos erros mais grosseiros,
por um brasileiro*, publicado no número 3 de *O Patriota*, onde se lia:

[...] encaremos as notícias, em que se estriba um desses viajantes
e ao clarão da crítica vejamos a probabilidade que merecem. Tal
homem, dotado por ventura de alguns conhecimentos de história
natural, entra em um país desconhecido, vê pequenas amostras de
produtos naturais, avista (como pode examinar?) em um ligeiro
trajeto pessoas talvez da última? E deixa se levar pelas aparências
grosseiras, que muitas vezes são capa de um interior virtuoso e
pernoitando ou transitando por uma cidade, uma vila ou ainda um
lugar, se gaba de conhecer os costumes até o modo dos habitantes.
Presunção louca e temerária, mas bem ordinária no nosso século!
(Grant, A. in *O Patriota*, n.3, set. 1813, Seção História, p.69)[12]

Para esse brasileiro correspondente de *O Patriota*, o viajante
Andrew Grant não só estava equivocado em relação aos costumes
e paisagens brasileiras, como também apresentava em seu discurso
um dos pecados mais infames para os literatos da época: a presunção
de "conhecer os costumes até o modo dos habitantes" do Brasil em
sua totalidade. Tanto o equívoco de suas assertivas quanto o estilo
pouco humilde de seu autor eram dignos da restrição dos leitores
brasileiros que, embora conhecessem esse tipo de obra e a utilizas-
sem em algumas oportunidades para construir seu discurso sobre
o Brasil, pouco aproveitariam de seu estilo para a construção de
suas soluções verbais. Se não pela descrição minuciosa dos atrativos
naturais da terra e pela tipificação dos transeuntes mais comuns, as
soluções verbais encontradas pelos literatos locais diferiam grande-
mente das narrações de viagem da época. Isso porque os literatos do
início do Oitocentos importavam-se muito mais com as questões a
serem levantadas pelo discurso do que com as conclusões de seus

---

12 *Crítica de History of Brazil compreensing a geographical account of that country,
together with a narrative of the most remarkable events, wich have accured there
since its discovery, a description of the manners, costume, religion, etc.*, by Andrew
Grant MD London, 1809. *O Patriota*, n.3, set. 1813, Seção História, p.69.

trabalhos de pesquisa e observação. De igual maneira, a demonstração de dados era considerada longa e inapropriada em razão da falta de espaço, e a explicação de um entendimento, uma alusão ou uma citação desnecessária porque suposta na atitude de seu autor, sempre um conhecido de todos.

Tal como nos compêndios, procurava-se apresentar os autores considerados clássicos,[13] assim como aqueles em voga no período, sempre de modo sintético, pois era dessa maneira que se instruía o público, que pelo menos ouvia falar dos nomes célebres da época, mas diferentes dos compêndios, onde a reunião dos grandes cânones era privilegiada; nos jornais, o novo e o velho deveriam ser equilibrados. No caso de temas e textos novos, tinha-se em vista a criação de uma simetria entre o progresso do país e o das grandes nações estrangeiras; para temas e textos antigos, a afirmação de uma educação sólida e universal. Em ambas as situações, o objetivo era persuadir a população da necessidade de participar da vida social, cultural e política do próprio país, inferindo que sua omissão acarretaria a inexistência do próprio Estado. Nesse âmbito, entendia-se que sem patriotismo não era possível edificar uma pátria, e como a pátria era um dos temas mais recorrentes em toda a literatura europeia da época, ela também o era no Brasil.

Se a boa intenção do letrado o desculpava de quaisquer equívocos, tal como acontecia aos sermonistas, a apresentação de uma verdade revelada não era mais o objetivo dos jornalistas; sua opinião era parcial, ainda que correta. Tal postura era paralela, portanto, à assumida pelos autores dos compêndios de Eloquência daquele século, porque se acreditava que fornecer meios para o raciocínio

---

13 Muitos eram os clássicos publicados em tais jornais, como as *Cantilinárias*, de Cícero, no *Revérbero Constitucional Fluminense*, n.12, de 29 de janeiro de 1822. Ainda que esses textos tivessem alta circulação no incipiente mercado livreiro, sua republicação era considerada importante porque garantia, mais uma vez – e quantas fossem necessárias –, que todos os brasileiros tivessem acesso às referidas obras, parte das tão importantes "artes úteis". Destarte, do mesmo modo que nas aulas de retórica os exemplos de eloquência eram afixados por meio da repetição, os jornalistas do Oitocentos repetiram suas mensagens ao público local divulgando inúmeras vezes as obras que consideravam importantes.

era mais importante que apresentar um raciocínio pronto. Nesse sentido, assinalava o editor de *O Bem da Ordem*:

> Os leitores menos instruídos e os que não tem meio de o serem de outro modo, suposta a falta de livros, e a penúria de estabelecimentos tipográficos, aqui acharão todas as ideias que lhe são indispensáveis para desempenhar com utilidade da nação os deveres de representantes ou empregados, e todos os homens de bem, todos os literatos que melhor conhecem a necessidade destas instruções são convidados a concorrer para esta importante obra com o precioso cabedal das suas luzes. (*O Bem da Ordem*, n.1, 1821, p.7)

Se copiar e reunir um bom número de seletas obras era importante também nesses periódicos,[14] o objetivo dessa ação, para o

---

14 Nessa atividade, todavia, deviam ser comedidos, pois a crítica avaliava os limites desse tipo de contribuição com observações como a encontrada numa correspondência publicada pelo jornal *Compilador Constitucional*, acerca dos fascículos da obra do abade Bossuet no jornal *Revérbero Constitucional Fluminense*: "Senhores Redatores do Compilador Constitucional, Não podemos deixar de dar louvores aos beneméritos redatores do Revérbero Constitucional Fluminense, pelo muito que se interessam em instruir este povo, dando-lhe até belas traduções das excelentes obras do abade de Frade, as quais: Tanto bem/ À humanidade/ Feito tem. Só sentimos que este povo não tire toda a utilidade, que de uma tal tradução pode tirar, se acaso pudesse ser lida em menos de 10 a 12 anos, tempo em que poderão ter findas as traduções prometidas no Revérbero; porque constando aquelas duas de 2000 páginas, 3 das quais são traduzidas por semana; fica à toda evidência que se findará a sua tradução em tantas semanas, quantas forem precisas para darem uma soma igual ao quociente de 2 mil páginas divididas por 3 em cada semana: isto é 660 semanas, ou de 10 a 12 anos. Acresce a isto, que como 1/3 do Revérbero importa 40 réis, que multiplicados por 660 fazem a soma de 26:400 réis, vem a ficar cada volume da tradução em 6:500 réis, preço exorbitante para uma obra, que por ser lida em 12 anos, pouco fruto e instrução dará. A vista deste cálculo inexato, cremos que os beneméritos e eruditos redatores do Revérbero antes empregaram aquelas páginas da tradução em dar-nos, como prometeram, extratos do que tem-se dito e feito em cortes à respeito do Brasil, depois do que seria utilíssimo dar por inteiro, e em separado uma obra que contenha a tradução começada ou então mais utilidade causariam com inserirem nas tais páginas algumas das suas tantas correspondências, ou algum novo proclama dos habitantes da Sibéria e do

164   MARIA RENATA DA CRUZ DURAN

redator do *Conciliador do Reino Unido*,[15] era ainda o de conciliar ideias que, uma vez unidas, poderiam fortificar uma noção qualquer na opinião pública:

> Sendo o propósito desta Folha Literária o conciliar, e jamais desunir, os ânimos e interesses dos naturais e habitantes da Monarquia Lusitana; convindo por isso quanto posso e devo, bem dirigir a Opinião Pública, a fim de atalhar os desacertos populares, e as efervescências frenéticas, de alguns compatriotas, mais zelosos que discretos, e que antes preferem arder que luzir; por ora, não obstante a agitação do povo, e desvio da atenção continuo na empreendida tarefa, vista a favorável recepção dos números I, II e III. (*Conciliador do Reino Unido*, 1821, n.4, p.1)

O tom conciliatório dos periódicos demonstrava a preocupação do letrado com o bem comum, sempre consensual, com a instrução dos mais variados extratos da sociedade carioca e a formação de um padrão mais ou menos homogêneo de discurso. Tal padrão discursivo seguia caminhos tortuosos, é verdade, mas isso se devia à imensa quantidade de informações que os diaristas da época se viam na obrigação de fornecer ao público ignaro. Como os assuntos eram muitos, a brevidade do texto e a agilidade de sua produção foram enaltecidas como uma das formas mais propícias para o gênero:

Japão ou alguma Cantilinária ou Velezaida, ou em darem-nos reflexões sobre qualquer assunto, especialmente, sobre as partes cisplatinas, que por serem de um dos metais sobre quem menos influi o calórico, é o mais interessante, para instrumentos de matemática, física e para espelhos estóicos e revérberos físicos, como achamos que esta carta pode ser útil, roga-se ao senhor redator queira inseri-la, ficando-lhe por isso obrigado" (*Compilador Constitucional*, n.7, 16.2.1822, p.2). Assim, o letrado do segundo quartel do século XIX deveria ser ainda mais breve que o literato do primeiro quartel, dado que o meio de divulgação de suas ideias era menor.

15 *O Conciliador do Reino Unido* foi publicado em 1º de março de 1821, na véspera da promulgação do decreto que deliberava sobre a imprensa, por José da Silva Lisboa no Rio de Janeiro, com impressão da tipografia real. Nos números 5, 6 e 7 do jornal, defendeu-se a necessidade de censura. Sua referência é O *Conciliador do Reino Unido*. Rio de Janeiro: Tipografia Real, 1821.

Não há tempo de apurar palavras; só cumpre exprimir sentimentos. Que termos há, ou pode haver, para significar o desabafo do peito que sobressalta de contentamento, não menos que de gratidão aos Majestosos Autores de tanta Felicidade, qual nos seguraram o Pai da Pátria, e Seu Augusto Filho, que justamente podem tomar em suas Armas a Letra do Príncipe D. Henrique = Talent de bien faire? = Sim: Talento de bem fazer! É Arte o saber fazer o bem, em tempo oportuno, e modo conveniente (*Conciliador do Reino Unido*, n.1, 1821, p.3)

Nesse critério era importante perceber que "questões pela maior parte frívolas e que apenas descobrem a acrimônia de quem as estabeleceu, ou não merecem resposta ou devem ser brevíssimamente tratadas" (*O Patriota*, n.1, jan.-fev. 1814, p.64). Nesse tipo de resposta, incluíam-se aquelas dirigidas aos críticos, pois quanto mais tempo o jornalista gastasse para atender às dúvidas e defender-se das críticas, maior era a atenção dada ao insultante que, por não entender suas palavras ou mesmo por não ser capaz de aceitar seu discurso, não estava à altura de sua atenção. Todavia, a polêmica garantia tanto as vendas quanto a continuidade das reflexões sobre os interesses da opinião pública local, embora nem sempre isso acontecesse:

A publicação de certas doutrinas exaradas em alguns periódicos e aos escritos polêmicos aonde se lê toda a sorte de sandices, dissuadiu-me da crença em que estava de que isto de escrever para o público era um dom que Deus dava aos seus escolhidos, mormente depois que vi escritores de meia língua, e outros com língua de palmo, proporem-se com insano atrevimento a dirigir a opinião pública, que para eles vale o mesmo. (*O Sylpho Extraordinário, Periódico Fluminense*, n.23, 22.10.1823, p.96)

Para esse correspondente anônimo do jornal *O Sylpho*, a liberdade de imprensa teve como consequência a propagação de textos que desmereciam a língua portuguesa, abusando do livre arbítrio antes concedido a poucos escolhidos. As críticas desse tipo eram comuns e, como informam os redatores do *Revérbero Constitucional Fluminense*, "a falta de uma vírgula em qualquer escrito [podia] atrair o ferrete de que muitos aborrecemos" (*Revérbero Constitucional Fluminense*, n.5, 15.11.1821, p.49). Entre os principais críticos e correspondentes desse caráter estavam os letrados do país, na sua maioria padres-mestres[16] e doutores que, como avaliou Pierre Chapuis de *O Verdadeiro Liberal*,[17] eram implacáveis:

> Que árdua a tarefa de escritor público! Que reflexões não são necessárias antes que se decida a raciocinar sobre interesses públicos! Com as mais puras intenções estará certo de se ver caluniado e insultado por esses entes, que, como já disse nas minhas reflexões, fazem da calúnia profissão e negócio. Hoje terá de combater um doutor, amanhã um padre-mestre, que do silêncio dos túmulos, onde está rodeado dos livros de ilustres sábios, lhe lançará à frente tantas citações, quantas puder apanhar: se ao menos esse padre mestre se contentasse com citações! (*O Verdadeiro Liberal*, n.1, 2.3.1826, p.1)

Ao fazer da "calúnia profissão e negócio", procurava-se atingir, sobretudo, a moral do beletrista, que tinha aí a âncora de sua credibilidade.

Vista como "o veículo do erro", a imprensa também era encarada como "a porta franca [...] para os conselhos bons e admissíveis" (Patrício e Amante Constitucional. Sabará, 6 de março de 1822, in *Revérbero Constitucional Fluminense*, n.22, 9.4.1822, p. 262). O erro de informação, para seus autores, era contingente e aceitável, afinal de contas, o acerto só poderia ser alcançado pela tentativa.

---

16 Há que se ressaltar que nem todos os padres-mestres estavam autorizados a criticar ou endossar os demais letrados da época, pois, como afirmava o editor de *O Macaco Brasileiro*: "quem não sabe latim não diz missa e não passa de leigo" (*O Macaco Brasileiro*, n.3, 1822, p.2).

17 *O Verdadeiro Liberal* circulou apenas em 1826 no Rio de Janeiro. A referência completa é *O Verdadeiro Liberal; Periódico Político-Literário*. Rio de Janeiro: Imprensa Nacional, 1826. Aqui utilizaremos *O Verdadeiro Liberal*.

RETÓRICA À MODA BRASILEIRA   **167**

Nesse campo, segundo os redatores do *Jornal Scientifico*,[18] apenas o imoral era inaceitável:

A liberdade de imprensa, circunscrita aos limites da decência, sem deslizar, dizemos, para a licenciosidade, é um dos dons mais profícuos, que um governo sábio, zeloso, perspicaz e liberal pode conceder aos povos, que estão debaixo do seu imediato comando e por isso mesmo a cargo de seus paternais cuidados. Entre as muitas e grandes utilidades que resultaram de tal liberdade, (preciosíssimo estímulo com que as sábias constituições de povos livres tem previdentemente promovido o adiantamento das ciências e das artes) é com efeito digna de especial menção, a de controvérsias literárias, ou, para mais amplamente nos explicarmos: a de discussões filosóficas, comerciais e políticas, debaixo dos limites acima lembrados, pois que, por esse engenhoso, fácil e elétrico meio se consegue, em breves tempos, formar o espírito e o extrato nacional e arrogar no coração do povo aquele bem entendido e luminoso entusiasmo, aquela zelosa energia, que constituem verdadeiro mérito moral e

---

18 José Vitorino dos S. e Sousa publicou dois jornais, os *Annaes* e, em 1826, a "quarta revista literária" brasileira (Sodré, 1977, p.75): o *Jornal Scientifico, Economico e Literario, ou Colleção de Peças, Memorias, Relaçoens, Viagens, Poesias e Anedoctas; Mixto de Instrucção e Recreio Accommodado a todo o genero de Leitores. Por Dous Amadores das Sciencias e das Artes*, com ajuda de Felisberto Inácio Januário Cordeiro. O *Jornal Scientifico* teve três números, de maio a julho de 1826, com cerca de 90 páginas cada. Trazia, além do editorial, as seções: *Sciencias e Artes, Poesia e Bellas Letras, Viagens* e *Variedades*. Os *Annaes Fluminenses de Ciências, Artes e Literatura*, por sua vez, foram patrocinados pela Sociedade Filotécnica – espécie de associação literária, presidida pelo conde de Palma e fundada por José Silvestre Rebelo, português que tratou do reconhecimento do Império do Brasil nos Estados Unidos. Publicado em 1822, com 115 páginas e 8 tabelas, teve como gráfica a Tipografia de Santos e Sousa, propriedade de José Vitorino, que era oficial de engenheiros, lente da Academia Militar e tradutor de obras de matemática. Segundo seu editor: "Cada tomo será composto de 3 números, que serão adornados de estampas, quando o discurso o exigir" (*Annaes Fluminenses*, 1822, p.1). A referência completa é *Annaes Fluminenses de Sciencias, Artes e Literatura*. Rio de Janeiro: Typografia de Sanos e Souza ou *Officina dos Annaes Fluminenses*, 1822. Utilizaremos aqui a referência *Annaes Fluminenses*.

político e acrisola decidido patriotismo. (*Jornal Scientifico, Economico e Literario*, n.1, maio 1826, p.81)

Tais ideias não deveriam, pois, ser apresentadas somente na forma de projetos e propostas para a edificação da nação; elas também deveriam denunciar os equívocos e problemas, sobretudo da instrução nacional, como fazia o redator do *Compilador Constitucional* em 1822, denunciando o estado deplorável da instrução no Seminário São José:

Assim como uma das coisas mais úteis e precisas na sociedade é a educação da juventude, assim também é ela uma das coisas mais desprezadas, e em abandono nesta corte do Rio de Janeiro. E com efeito uma mocidade infrene pelas ruas onde, estando juntos atropelam as leis da civilidade e da decência, uma mocidade, que ao esperar a entrada das aulas ataca com caçoadas e algazarra a quem passa sem respeito à boa ordem, uma mocidade que tudo faz por moda e corrupção (exceptuamos disso os que merecem) e que não cuida em aprender; sem que todavia a maior parte dos pais de família atentem pela correção de tais vícios; eis o que se vê tão diariamente, que até aí se não estranha ou já calejou, como lá dizem. Se lançarmos as vistas às aulas de primeiras letras, onde recebe instrução a maior parte do povo não achamos mais que confusão, gritaria e vadiação entre os rapazes; os quais em 5 ou 7 anos ali empregados quase nada aprendem, menos no ramo de toda a casta de travessura, de que eles são suscetíveis não porque os professores queiram nisso consentir, mas em razão do grande número deles, o que junto ao péssimo sistema de ensino seguido lhes fornece contínuas ocasiões de que se subtraem às correções dos professores, que deveriam ser aplicadas indistintamente e sem preleções pelos meninos da alta hierarquia, isto é pelos mais mal educados, pois para semelhantes tudo são indiscrições, mimos e inteiro abandono de suas pessoas servir e estúpidos criados. Passando-se por uma destas aulas ouve-se uma vozeria como a dos cegos, que se juntam em Paris para pedirem esmola, porém, sabidas as contas, é uma meia hora de cantochão, ou causa que o

RETÓRICA À MODA BRASILEIRA   **169**

valha, que se ensina naquelas aulas, outras vezes é um argumento
cantado a compasso, o qual para mais nada serve que para reduzir os
mínimos a autômatos cantantes; e o mais é, que louvado Deus, assim
vai tudo, sem que pessoa alguma, ainda das eu a isto são obrigadas
cuide em emendar e corrigir tais abusos.

E ainda o pior não é isto, é
sem, que um igual desleixo domina em todas as aulas maiores, onde
tudo são empenhos e condescendências e nada de aplicação entre os
discípulos e talvez que entre algum dos professores, chegando isto a
ponto tal, que aquele lente exato nos seus deveres é taxado e soberbo
escrupuloso, de intratável e que quer governar o mundo e é por tudo
isto tratado de *jacobino* entre eles oh! (*Compilador Constitucional*,
n.8, 23.2.1822, p.14)

Nesses jornais pretendia-se dar um passo além daquele dado
pelos compêndios do início do XIX – nos quais se sintetizava as
ideias de grandes pensadores, a fim de fundamentar as ideias
locais e fomentar uma lógica racional. O passo dado pelos literatos
envolvidos nos jornais era o de suscitar a necessidade de pensar, de
discutir, de esclarecer, de tornar a reflexão parte do cotidiano da
nação, materializando no papel estas expectativas e, assim, levando a
cabo o empirismo largamente propagado na época. Ora, esse era um
dos fundamentos da retórica e da eloquência que, a partir de então,
passavam a apresentar-se diretamente nos jornais. Efetivava-se,
justamente por meio de uma escrita pautada pelas regras retóricas
e exemplos eloquentes, o antigo objetivo de persuadir o público
ouvinte a refletir a ponto de agir em prol de uma causa: a instrução.

Essa instrução, por sua vez, tinha como apelo o sentimento
patriótico, por meio do qual se acreditava ser possível edificar uma
nação próspera e civilizada. Tocados da mania de escrever, os próprios letrados exaltaram o trabalho instrutivo, se não pela glória, pela
indignação frente ao erro, ao mal e ao risco, pois:

Quando os governos lançam as vistas à educação moral e civil
firmam os alicerces de sua estabilidade. Se o abuso dos conhecimentos dispara sempre em excessos criminosos, ninguém duvidará

170   MARIA RENATA DA CRUZ DURAN

que a ignorância natural e inimiga da luz, abandona os povos à discrição ou à violência dos partidos e destes ao abismo de uma completa ruína. O Brasil nunca poderia figurar nem na ordem política, nem na ordem social das nações; nunca poderia ganhar o decoro da civilização, se se não lhe patenteassem as fontes, donde salta sobre os povos o luzimento, que os caracteriza e os constituí dignos de todas as relações. Da instrução nasce a força moral, única conservadora dos Estados e só ela poderá paralisar as divergências, dirigir a opinião pública, tolher a marcha das revoluções, concentrar os espíritos na verdadeira órbita dos seus interesses, harmonizar os cidadãos, só ela enfim desmentirá as tresloucadas inspirações destes energúmenos políticos, que tão perfidamente iludem os povos com lisonjeiras perspectivas, que nascem e morrem nos vastos domínios da imaginação (Amaro apud "Inimigo dos anarquistas", in *Diário Fluminense*, n.16, 22.1.1825, p.67)

O papel da imprensa era o de propiciar a cada indivíduo o aprendizado de seu papel e espaço na sociedade. Ainda que defendessem limites para a educação, os letrados justificavam suas posturas embasados na construção de uma moralidade[19] que favorecesse o bom funcionamento da sociedade local. Assim sendo, não era revolucionando os costumes cariocas que se edificaria o tão aclamado sentimento patriótico, pelo contrário, era destacando no habitante local os seus costumes mais corriqueiros que se estabeleceria um perfil comum, pelo qual o sentimento de coletividade seria suscitado a ponto de todos os brasileiros agirem num mesmo sentido de progresso e prosperidade.

---

19 Costumava-se debater a moralidade nos jornais da época, como, aliás, era solicitado pelo público em suas missivas: "Assim como o seu jornal se distingue em dirigir a opinião pública no verdadeiro caminho da política, assim também me parece que não seria fora de propósito, que V. M. nele inserisse de vez em quando alguns assuntos sobre a moralidade, por ser uma máxima de eterna verdadeiro, que as leis de nada servem quando não há bons costumes do povo...." ("Seu constante leitor", in *Diário Fluminense*, n.106, 14.5.1825, p.426).

RETÓRICA À MODA BRASILEIRA 171

Com provas alicerçadas nos costumes locais, o letrado iniciado na arte retórica do início do século XIX tentou comprovar a sua tese de que só o patriotismo seria capaz de conferir a unidade necessária para o progresso da nação, motivado por afetos que lhe suscitavam o medo de perder o espaço já conquistado; esse mesmo brasileiro apelou para a paixão de seus concidadãos pelo espaço ocupado, pela população ali presente, pelo código de linguagem que os unia e por meio do qual eles eram capazes de se entender. Da mesma forma, assimilou tal atitude como uma ação educativa, que se não ensinava ao brasileiro o que era ser brasileiro, mostrava-lhe que a conquista desse status só poderia trazer bons frutos, se não evitar danos. A educação propagada por meio dos jornais da época foi, portanto, entendida como um dos recursos de catalização dos costumes e afetos locais no sentido de estabelecer e de dinamizar a invenção de uma identidade nacional.

Nessa identidade, o beletrista, jornalista ou orador, ocuparia um espaço similar ao dos mestres de retórica: o de instruir recreando a população. Para além dos aspectos retóricos mantidos em seus discursos, como afetos, costumes e provas, estes mestres *da moda brasileira de ser* forjaram um tipo de intelectual brasileiro: sustentado pelo Estado, doutrinado pela Igreja, devotado à persuasão, ele foi humilde, magnânimo, conciliador, desprendido, eclético e ufanista. Dotado de todas essas qualidades ele passou a registrar suas opiniões em papel inventando no país uma forma de literatura até então não experimentada. Antes, portanto, que romancistas como Joaquim Manuel de Macedo viessem a publicar seus primeiros trabalhos nesses mesmos jornais, durante cerca de vinte anos (desde a chegada da corte até a publicação do primeiro grito romântico em periódicos nacionais, os Suspiros poéticos e saudades de Gonçalves de Magalhães, na revista *Niterói* em 1836), as experimentações desses literatos acidentais ocuparam o tempo de estudo dos nossos futuros romancistas, e, como foram herdeiros de forte instrução retórica houveram de passar algumas de suas artimanhas e cacoetes para a geração vindoura – no que já estaríamos contando uma outra história.

172   MARIA RENATA DA CRUZ DURAN

Se nessa eloquência patriótica nem sempre o brasileiro empenhou-se com esmero ou sequer galgou sucesso, não se pode negar que ele tenha tentado, seja em nome das vantagens prometidas, seja pelo perdão de seus pecados. De uma maneira ou de outra, provocado pelas instruções retóricas e munido da prensa dos jornais que publicizavam seus discursos, o letrado brasileiro finalmente publicava em volume considerável suas ideias e seu estilo, arrematando, com sua pena de retórico, a fundação de uma cultura escrita tipicamente brasileira:

> Sou preguiçoso, sr. Redator, sou preguiçoso, confesso até nisso que sou brasileiro legítimo: há tanto tempo que não lhe escrevo, que a minha pena estava mirrada com a sequidão, e tinha cada bico que parecia com um chifre de carneiro: esta minha confissão é de desobriga, dê-me sua absolvição e verá se eu não viro folhas novas. ("O Navegante da Praia Grande" in *Diário Fluminense*, n.78, 11.4.1825, p.313)

Considerações finais

No prefácio de sua *Dedução cronológica dos fatos mais notáveis da história do Brasil*, o general Abreu e Lima (1845, p.V-VIII) se lamentava:

> É costume fazer um prefácio para todas as obras literárias de grande vulto, façamos pois um prefácio por costume, porque não há Igreja sem frontispício nem torre sem campanário. [...] É que o prefácio é a última coisa que se faz, ou que se escreve, e quem gasta cinco anos sucessivos a parafusar, a escrever, a solicitar, a esmiuçar e a desenterrar a vida alheia para compor uma história ou muitas histórias, acaba exausto de ânimo e de forças como eu, de tal sorte, que daria a minha Obra a todos os diabos para não fazer um prefácio, e ainda assim o prefácio me persegue como um duende.

Sem querer desrespeitar o leitor amigo, faço minhas as palavras de Abreu e Lima nestas considerações finais, é claro, rompendo com todas as regras da Retórica elencadas até o momento. Aliás, voltemos a elas, motivo pelo qual estamos aqui reunidos e logo o leitor verá como a rabugice do general também encontra termo na matéria em questão.

174　MARIA RENATA DA CRUZ DURAN

Ao estudo da formação dos lugares-comuns da retórica na educação luso-brasileira e de sua força modelar em relação à invenção de uma cultura escrita local dedicou-se este trabalho, cujo pano de fundo era o de que, regrada pela retórica, a comunicação dos fluminenses no primeiro quartel do século XIX forjou uma eloquência que gradativamente foi naturalizada e convergiu para a invenção de uma identidade brasileira, procurando "arrogar no coração do povo aquele bem entendido e luminoso entusiasmo, aquela zelosa energia, que constituem verdadeiro mérito moral e político e acrisola decidido patriotismo" (*Jornal Scientifico, Economico e Literario*, 1826, n.1, maio, p.81).

Para tal, focalizamos alguns dos traços presentes no rascunho sem título do viajante holandês Johan Moritz Rugendas. Abalizar nosso estudo por esses traços foi importante para não nos esquecermos de que o estudo da Eloquência a partir de textos escritos mostra-se ainda mais lacunar que o "carnaval organizado" de Michel Foucault. Não obstante, esquadrinhamos nosso campo de visão em quatro pontos focais assim intitulados: 1. Revolução e instrução; 2. Mestres e pupilos; 3. Compêndios e manuais; 4. Discursos e jornais.

No primeiro tópico, imaginando a substituição de D. Pedro I pela Retórica no centro de nosso quadro, vimos que desde 1746 se compartilhava das ideias revolucionárias francesas na instrução lusófona e que essas ideias se articularam por meio de instrumentos oficiais de normatização do novo tipo de ensino lusitano que, após a expulsão dos jesuítas, se tornou público e estabeleceu, no exame de Retórica, seu ponto de intersecção entre estudos maiores e menores. No Brasil, pudemos notar que apenas com uma certa ajuda de Napoleão foi possível galgar alguns dos louros dessas novas ideias, computando aí uma segunda revolução. Mais do que estruturas e leis, como atentou Tocqueville, vimos que a contribuição dos pensadores e letrados do período foi vincular o progresso à comunicação clara, crítica, bela e verossímil, aproximando, assim, o desenvolvimento da nação ao incremento da comunicação e à democratização do ensino, corroborando a tese de Dupuis (apud Braga, 1892, p.123) de que "uma revolução tão assombrosa na ordem política

RETÓRICA À MODA BRASILEIRA   175

não pode operar-se e firmar-se senão quando ela conseguir mudar os costumes, os hábitos e os preconceitos do povo chamado a este alto destino; e esta obra é mais peculiar da educação que das leis". Empenhados na efetivação dessa revolução estiveram praticamente todos os letrados da época, que, espírito do tempo, força da circunstância, se envolviam em múltiplas atividades. Daí a longínqua e larga produção de compêndios e manuais propositados pela instrução retórica e, como tais, sua submissão ao cerimonial desse tipo de educação, assim como continuava reclamando o general Abreu e Lima na confecção de seu prefácio, em 1845:

> Sem embargo, não está o negócio em minhas mãos, porque há certas leis de etiqueta e o Prefácio é uma etiqueta, a que é mister obedecer de grado ou por força: quem visse a obra, e depois do título a Introdução, e não visse o Prefácio, diria logo – *esta obras está incompleta e não vale dois caminhos* –; os subscritores a enjeitariam, e os compradores a repudiariam com mais forte razão, porque a obra não tinha Prefácio. Deus eterno!!!! (Abreu e Lima, 1845, p. V-VIII)

Tema de nosso terceiro quadro nessa história da instrução retórica no ensino fluminense de D. José I a D. Pedro I foram os compêndios e manuais de Retórica então produzidos, e como sua elaboração dependia da pena dos instruídos da época, nossos olhos se voltaram para as beiras e eiras do quadro de Rugendas. Nesse ensejo, melhores limites nos deram as obras *O verdadeiro método de estudar*, de Luís Antônio Verney, que escrito na forma de cartas e originalmente publicado em 1746 serviu como pressuposto teórico para a edificação de uma reforma na instrução lusófona e as *Lições elementares de eloquência nacional para uso da mocidade de ambos os hemisférios*, de Francisco Freire de Carvalho que, publicadas em 1834.

Entre a publicação dessas duas obras, uma série de trabalhos marcados pelas normas retóricas e pelos exemplos da Eloquência lusófona, já praticada nas igrejas à guisa de entretenimento e propaganda monárquico-cristã, foi disseminada. Nesses compêndios, as obras de autores considerados importantes eram sintetizadas e sua aquisição significou uma economia de tempo e dinheiro para aqueles que queriam se instruir, incrementando a crença da obtenção rápida e sintética de conhecimentos, se não o polimento das palavras proferidas como um signo distintivo da sabedoria dos letrados da época, ainda que, como Luis Rafael Soye, os autores desses compêndios soubessem "que tudo o que digo/ São coisas muito sabidas: Se julgo acaso ser útil/ É pelas dar reunidas" (Luis Rafael Soye, *Manual dos deputados*, 1822, p.V).

Como a Eloquência grassou nas praças fluminenses com maior facilidade que a Filosofia, a moção dos afetos foi ressaltada porque atingia as paixões mesmo dos homens menos polidos que constituíam, de um modo geral, a opinião pública local. Mais tarde, no entanto, essa tarefa de convencimento seria complexificada, como assinalou Abreu e Lima (1845, p.V-VIII) sobre os subscritores fluminenses do Oitocentos: "Não há ente mais difícil de contentar, não há velho mais rabugento que um subscritor quando a obra vai sair do prelo".

A fim de ensinar os modos de agradar o leitor estiveram os mestres de Retórica, personagens centrais num ensino ainda disperso entre as muitas ideias e as parcas estruturas da época. A eles foi reservado um espaço de instrutor, de publicista, de comunicador, de formador das qualidades comunicativas e, por conseguinte, dos quesitos que ligavam o discípulo à fama entre os letrados do final do Setecentos e do início do Oitocentos. Por essa razão, os mestres e seus pupilos foram tema de nosso segundo quadro, esses destacados pela figura do padre-mestre representada no canto direito da tela de Rugendas, dado ser esse o tipo mais ordinário do mestre da época.

Se o padre-mestre, o preceptor e o mestre régio foram os tipos mais comuns de mestres da época, quem eram seus pupilos? Como vimos, os pupilos da época eram homens cujas condições socioeconômicas lhes permitiam aspirar ao trabalho burocrático no Estado e, como o Estado se transferira para a capital fluminense e a instrução havia passado para as mãos do Estado, os cargos e as chances de aspiração social haviam aumentado a ponto de que se acreditasse que "nessa época brilhante, em que somos libertos, podendo deixar aos nossos filhos uma herança mais rica do que a que havíamos recebido de nossos pais..." (*Revérbero Constitucional Fluminense,* n.3, 15.10.1821, p.35).

Ao tomar a palavra, o jovem estudante da época acostumou-se ao comportamento esperado dele nos seus exames de Retórica: segurança, erudição e humildade eram seus atributos. Sempre pronto a reconstruir seu ponto de vista diante de um mínimo sinal de discordância do mestre, o estudante de Retórica do final do Setecentos e início do Oitocentos não se importava tanto em seguir a lógica, mas em conquistar a simpatia de seu público, em convencer aquele que o avaliava das suas qualidades como pensador estudioso e como homem de bem. O que não significava, necessariamente, algum retorno financeiro pelo trabalho intelectual do mestre, estudante ou orador, como seguia se queixando Abreu e Lima (1845, p.V-VIII):

> Quem souber que este tremendo calhamaço me custa mais de quatro contos de réis depois de impresso, os quais não comi nem bebi, e que se foram por amor da glória, poderá avaliar que não se trata de recomendar a Obra, mas de haver o meu dinheiro, ainda que perca o tempo consumido. E porém, a glória, a fama!! Oh! A fama, a glória de Escritor no Brasil! Se ao menos viesse o proveito! E com tudo nem fama nem proveito, porque fama e proveito não cabem num saco.

Se o maior retorno da boa eloquência era o prestígio do orador que na época de Abreu e Lima se converteu em boa fama para os escritores, aqueles que obtiveram maiores louros com esse tipo de atividade foram os pregadores imperiais do tempo de D. João VI. Porém, quando a Oratória sagrada entrou em declínio, a permanência da Retórica e da Eloquência foi garantida na cultura local por meio dos jornais e panfletos que se multiplicaram em meados de 1820.

Com a mudança do meio da mensagem, em que a voz perdia espaço para a impressão, permaneceram os atores que representavam as vezes tanto de emissores quanto de receptores da mensagem, isso porque o universo de letrados no Brasil não se alargou com a mesma velocidade do aumento das publicações locais; esse aumento das publicação locais, todavia, chamou-nos a atenção em nosso quarto e último quadro: Jornalistas e leitores. Nele, já polido pelos costumes ensinados com a retórica e, portanto, tirando seu chapéu para nós, apresentava-se um novo personagem: o jornalista fluminense do início do Oitocentos que, como ele mesmo assinalava, havia sido tocado "da mania de escrever e por feliz [se dariam se satisfizessem] este gosto com a utilidade de meus concidadãos" ("O amigo da justiça" in *Diário Fluminense*, n.64, 16.9.1826, p.259). Essa utilidade foi encerrada na solução de instruir recreando.

Ao instruir, os jornalistas da época qualificavam sua obra como um trabalho educativo. Destinavam, então, seus textos à mocidade letrada, depositando as esperanças do futuro nacional num devir em que a contribuição diária era mais importante que a reflexão alongada, aprofundada, morosa. Ao recrear, os jornalistas da época procuravam oferecer lazer aos poucos letrados da terra. De uma forma ou de outra, procurava-se instigar o brasileiro a tornar-se aquilo que deveria ser: um brasileiro patriota.

A impressão dos antigos discursos foi considerada louvável porque se registravam ali os costumes de cada época, edificando as características que identificavam o brasileiro como tal. O bom texto era aquele que formulava mais questões do que apresentava resultados de pesquisas, exortava mais do que descrevia, sintetizava mais do que aprofundava. O consenso foi preferido em detrimento do debate, considerado infrutífero porque dispersava as poucas forças locais na grande empreitada que se tinha pela frente. O letrado posicionou-se como uma testemunha, um conselheiro, um censor, um incentivador que denunciou mais os errados que os erros, e, ainda que reportasse outras culturas ou notícias locais, seus textos guardavam as características gerais desses mesmos discursos que reputavam antigos. Sempre caracterizada como gregária, consensual e emocional, a pátria brasileira ganhou visibilidade por meio dos jornais muito mais como potência futura que como realidade presente, no que plasmou-se uma protofelicidade contínua, legitimada pela natureza, seja da terra, seja dos homens.

Nesse tipo de discurso, a atitude dos letrados era similar àquela das aulas de retórica, dos costumes eloquentes: buscava-se a glória, evitava-se o erro. À medida que as notícias corriam, novas camadas eram aclamadas a adotar sentimentos patrióticos e a compartilhar as regras retóricas e o espírito de sua instrução, cultivando, no estudo, a conduta de seus portadores, como, aliás, assinalou Quintiliano – referência primeira para a reinstauração da disciplina. Foi, pois, em busca de glória e com medo de errar que se garantiu, no tema do patriotismo, a posteridade de uma eloquência à moda brasileira, expressa, pelo palavrório aparentemente mais recreativo que instrutivo de autores que, como o general Abreu e Lima (1845, p.v-viii), além de falar, agora também escreviam:

Ora, pois, esgotei o Prospecto e ainda não tenho um Prefácio! Se ao menos os leitores me levassem em conta os tormentos por que tenho passado, as angústias, as tribulações, as raivas, e os desgostos com os compositores, impressores, compaginadores, enquadernadores, &c, e sobretudo a ideia perseguidora de um Prefácio! Maldito Prefácio!! Oh! Eu não desejo aos meus inimigos outro castigo, nem que pese sobre eles a cólera divina senão colocando-os na dura necessidade de fazerem um Prefácio, um Prefácio obrigado, por força, um Prefácio de faca aos peitos, um Prefácio de vida ou morte. Pois bem, o mais cruel de todos os meus perseguidores, o mais implacável de todos os meus inimigos é este Prefácio, é um Prefácio inexorável, um Prefácio inflexível, finalmente, um Prefácio MONSTRO, e tenho dito.

REFERÊNCIAS

A ESTRELA BRASILEIRA. Rio de Janeiro: Silva Porto e Co., 1823-1824.

ABREU E LIMA, J. I. de. *Compêndio da História do Brasil*. Rio de Janeiro: Eduardo & Henrique Laemmert: 1841/1843.

_____. *Synopsis ou Deducção Chronológica dos factos mais notáveis da História do Brasil*. Pernambuco: Typ. de M.F. de Faria, 1845.

ABREU, M. (Org.). *Leitura, história e história da leitura*. São Paulo: Edusp; Fapesp, 1999.

AGUIAR, A. A. da C. C. *O Brasil e os brasileiros*. Rio de Janeiro: Typographia Comercial, 1862.

AIRES DE CASAL, M. *Corografia Brasílica ou Relação Histórico-geográfica do Reino do Brasil*. São Paulo: Cultura, 1943.

ALENCAR, J. M. *Oração fúnebre que pelo motivo de morte da mui alta e poderosa imperatriz do Brasil a sereníssima sra. Ma. Leopoldina Josefa Carolina*. Rio de Janeiro: Tipografia Real, 1837.

ALENCASTRO, L. F. Vida privada e ordem privada no Império. In: ALENCASTRO, L. F. de (Org.) *História da vida privada no Brasil*. 4.ed. São Paulo: Cia. das Letras, 1999. v.2, p.12-95.

ALGRANTI, L. M. *Honradas e devotas:* mulheres na colônia. Rio de Janeiro: José Olympio, 1993.

ALMANAQUE do Rio de Janeiro para o ano de 1816. *Revista do Instituto Histórico e Geográfico Brasileiro*, Rio de Janeiro, v.268, jul.-set. 1965.

ALMANAQUE do Rio de Janeiro para o ano de 1824. *Revista do Instituto Histórico e Geográfico Brasileiro*, Rio de Janeiro, v.278, jan.-mar. 1968.

182   MARIA RENATA DA CRUZ DURAN

ALMEIDA, F. M. R. de. Origem do Colégio Pedro II: memória lida a augusta presença de Vossa Magestade Imperial, pelo sócio correspondente Sr. Francisco M. R. De Almeida em 1856. *Revista do Instituto Histórico e Geográfico Brasileiro*, Rio de Janeiro, v.119, n.24, tomo XIX, 1926.

AMERICUS. *Cartas Políticas extrahídas do padre Amaro*. Londres: Greenlaw, 1825. (2 tomos)

ANDRES-GALLEGO, J.; MORAN, M. O pregador. In: VILARI, R. (Org.) *O homem barroco*. Lisboa: Presença, 1994. p.117-42.

ANJOS, J. A. *José Bonifácio, primeiro chanceler do Brasil*. Brasília: Fundação Alexandre de Gusmão, 2008.

ANNAES FLUMINENSES DE SCIENCIAS ARTES, E LITTERATURA. Rio de Janeiro: Tipografia Nacional, 1822.

AQUAVIVEI, Pe. C. Monitoria secreta ou instruções secretas dos padres da Companhia de Jesus. Rio de Janeiro: P. Plancher-Seignot, 1827.

ARANTES, P. E. *O sentimento de dialética na experiência intelectual brasileira*. São Paulo: Paz e Terra, 1992

ARAÚJO, J. de S. *Perfil do leitor colonial*. Bahia: Uesc, 1999.

ARAÚJO, J. T. N. Biografia dos brasileiros ilustras por armas, letras, virtudes, etc. Frei Francisco de Santa Thereza de Jesus Sampaio. *Revista do Instituto Histórico e Geográfico Brasileiro*, Rio de Janeiro, 1874, t.XXXVII, parte segunda.

ARMITAGE, J. *História do Brasil*: desde o período da chegada da família de Bragança em 1808 até a abdicação de D. Pedro I em 1831. 3.ed. Anotações de Eugênio Egas e Garcia Jr. Rio de Janeiro: Zélio Valverde, 1943.

ARQUIVO NACIONAL. *Os franceses residentes no Rio de Janeiro:* 1808-1820. Rio de Janeiro: Ministério da Justiça e Negócios Interiores, 1960.

ARROYO, L. *Igrejas de São Paulo*: introdução ao estado dos templos mais característicos de São Paulo nas suas relações com as crônicas da cidade. 2.ed. rev. e atual. São Paulo: Companhia Editora Nacional, 1966.

ATALAIA. Rio de Janeiro: Tipografia Nacional, 1823.

ATALAIA DA LIBERDADE. Rio de Janeiro: Tipografia Plancher (1-2), Imprensa Imperial e Nacional (2-13), 1826.

ATESTADO. Imperial Casa de Nossa Senhora Mãe dos Homens, 17 de julho de 1833. (ID/ An: QN 65.65 – 22/09/1833).

AZEVEDO, F. de. *A cultura brasileira*. São Paulo: Melhoramentos, 1958.

BANDECCHI, B. *Ledo:* pensamento e ação nas lutas da independência. São Paulo: Parma, 1983.

BANDECCHI, B.; AMARAL, A. B. *O arquivo do Marquês de Valença e a independência do Brasil*. São Paulo: Museu Paulista/USP, 1976.

BARBOSA, J. da C. *Oração de ação de graças que celebrando-se na real capela do Rio de Janeiro no dia 07/03/1818 o décimo aniversário da chegada de sua majestade a esta cidade compoz, recitou e ofereceu com permissão del rey n. sr. À José de Carvalho Ribeiro em sinal de gratidão e amizade.* Rio de Janeiro: Imprensa Régia, 1818.

BARRETO, D. A. B. M. *Justificação patriótica demonstrada em duas cartas dirigias ao mui alto, poderoso e magnânimo imperador constitucional do Brasil e seu defensor perpétuo o sr. D. Pedro I pelo cidadão Domingos Alves Branco Muniz Barreto.* Rio de Janeiro: Typographia Nacional, 1823.

BARRETO, V. *Ideologia e política no pensamento de José Bonifácio de Andrada e Silva.* Rio de Janeiro: Zahar, 1977.

BASTOS, J. T. da S. *História da censura intelectual em Portugal.* Coimbra: Imprensa da Universidade, 1926.

BEAR, E. (Org.) *Vultos do Brasil:* dicionário bio-bibliográfico brasileiro. São Paulo: Livraria Exposição do Livro, 198?.

BELLEGARDE, H. L. de N. *Resumo da História do Brasil até 1828.* Rio de Janeiro: Typographia de Gueffeier, 1831.

BERBEL, M. R. *A nação como artefato:* deputados do Brasil nas cortes portuguesas (1821 – 1822). São Paulo: Hucitec; Fapesp, 1999.

BICALHO, M. F. *A cidade e o Império:* o Rio de Janeiro no século XVII. Rio de Janeiro: Civilização Brasileira, 2003.

BLAKE, A. V. A. S. *Dicionário bibliográfico brasileiro.* Rio de Janeiro: Imprensa Nacional, 1898.

BOSSUET. *Sermões.* Porto: Portuense, 1909.

BOTO, C. *A escola do homem novo:* entre o Iluminismo e a Revolução Francesa. Rio de Janeiro: Companhia Editora Nacional, 1936

BOTO, C. *A escola do homem novo:* entre o Iluminismo e a Revolução Francesa. São Paulo: Editora Unesp, 1996.

BRAGA, T. *História da Universidade de Coimbra.* Lisboa: Tipografia da Academia Real de Ciências, 1892.

BRANDÃO, R. de O. *Estudos sobre os manuais de retórica e poética brasileiros do século XIX.* São Paulo, 1972. Dissertação (Doutorado em Letras) – Faculdade de Filosofia, Letras e Ciências Humanas, Universidade de São Paulo. São Paulo, 1972.

_____. Os manuais de retórica brasileiro do século XIX. In: PERRONE-MOISÉS, L. (Dir. e Org.) *O Ateneu:* retórica e paixão, comemoração do centenário de *O Ateneu* (1888-1988). São Paulo: Brasiliense, 1988. p.43-58.

BRASIL. *Alvará de regulamento para os estudos das línguas latinas, grega e hebraica e da arte da retórica.* Lisboa: Tipografia Oficina Rodrigues Galhardo, 1759. (BN/OR 88,7,16, n.27).

184 MARIA RENATA DA CRUZ DURAN

_____. *Nove Relatórios sobre Instrução Pública.* Rio de Janeiro: s. n., [18--]. (DM/ BN/ RJ).

_____. *Decreto de 29 de dezembro de 1801.* Lisboa: Tipografia Régia, 1801.

_____. *Alvará pelo qual Vossa Alteza Real há por bem determinar, que nas Igrejas das Ordens do Brazil, e domínios ultramarinos, que daqui em diante se proverem, se imponha huma módica pensão para a Fabrica da sua Real Capella.* Registrado na Secretaria de Estado dos Negócios do Brasil no Livro I de Leis, Alvarás e Cartas Régias a Fol. 50 X. Rio de Janeiro: 20 de agosto de 1808. (DM/ BN/ RJ).

_____. *Emendas de 4 de agosto de 1823, sobre um tratado de educação.* Rio de Janeiro, Imprensa nacional, 1823. (BN/OR 57 D, 5, 174).

_____. *Informação sobre os estabelecimentos de ensino da Mesa do Desembargo do Paço.* (Anexo do Documento 3: Relação das aulas, escolas de professores públicos pagos pelo Tesouro Nacional e bem dos estabelecimentos que estão sob a inspeção da diretoria dos estudos desta corte). Rio de Janeiro: s. n., [182-]. (DM/ BN/ RJ).

_____. *Novo estatuto do seminário de São Joaquim, 1831.* Rio de Janeiro: s. n., 1831. (AGCRJ/ RJ)

BROTERO, J. M. R. Ofício 01/01. São Paulo, 10 de julho de 1828. Arquivo Nacional, Série Educação/ Lata 3 – manuscrito.

BURKE, P. *Linguagens e comunidades nos primórdios da Europa Moderna.* São Paulo, Companhia das Letras, 2010.

CAETANO, M. *Do Conselho Ultramarino ao Conselho do Império.* Lisboa: Divisão de Publicações e Biblioteca Agência Geral das Colônias, 1943.

CAIRU, J. da S. L. V. *Memória dos benefícios políticos do governo de el rei Nosso Senhor Dom João VI.* Rio de Janeiro: Imprensa Régia, 1818.

_____. *Cartilha da Escola Brasileira para instrução elementar da religião no Brasil.* Rio de Janeiro: Tipografia Nacional, 1831. (v.I e II juntos).

CALDEIRA, J. (Org.) *José Bonifácio de Andrada e Silva.* São Paulo: Editora 34, 2002.

CALMON, P. *O rei do Brasil:* d. João VI. Rio de Janeiro: José Olympio, 1935.

_____. *História do Brasil.* Rio de Janeiro: José Olympio, 1959. v.V, século XIX.

CANDIDO, A. *Formação da literatura brasileira.* São Paulo: Martins, 1969.

CANDIDO, A.; CASTELLO, A. *Das origens ao romantismo.* São Paulo: Difel, 1982.

CARDOSO, T. M. R. F. L. *As luzes da educação:* fundamentos, raízes históricas e prática nas aulas régias do Rio de Janeiro. 1759-1834. Rio de Janeiro,

RETÓRICA À MODA BRASILEIRA 185

1998. Tese (Doutorado em História) – Instituto de História e Ciências Sociais, Universidade Federal do Rio de Janeiro.

CARRATO, J. F. *O iluminismo em Portugal e as reformas pombalinas do ensino.* São Paulo: Seção Gráfica da USP, 1980.

CARTA à sua alteza real sobre a instauração de uma universidade no Brasil. Rio de Janeiro, [1815?]. (DM/ BN/ RJ).

CARVALHO E SILVA, O. S. de. *O patriotismo acadêmico consagrado ao Ilmo. e Exmo. Dr. João de Almeida de Mello de.* Porto: s. n., 1809.

CARVALHO, F. F. *Lições elementares de eloquência nacional para uso da mocidade de ambos os hemisférios, agora mais correta e acrescentadas nesta quarta edição por.* Lisboa: Tipografia Rollandiana, 1850.

CARVALHO, J. M. de. *História intelectual no Brasil:* a retórica como chave de leitura. *Revista Topoi,* Rio de Janeiro, v.1, n.1, set. 2000.

_____. Meditação sobre os caminhos da moral na gênese do tradicionalismo luso-brasileiro. *Cultura: Revista de História e Teoria das Ideias,* Lisboa, v.VIII, 1996.

CARVALHO, L. R. de. *A lógica em Monte Alverne.* São Paulo: Universidade de São Paulo, 1946.

_____. *As reformas pombalinas da instrução pública.* São Paulo: Edusp, 1978.

CARVALHO, M. L. Á. de. *Carta à sua alteza real sobre a instauração de uma universidade no Brasil.* Rio de Janeiro: Divisão de Manuscritos da Biblioteca Nacional, 1815?. (II-30, 33, 13, n.2)

CARVALHO, R. *Estudos brasileiros.* Rio de Janeiro: Biblioteca Nacional, 1976.

CASA DOS ACTOS *do Real Colégio dos Nobres fazem público exame de rhetorica. Antonio de Saldanha da Gama, Antonio José de Saldanha Oliveira e Sousa, José Sebastião de Saldanha Oliveira e Sousa, João Galvão Mexia Mascarenhas, presidindo Francisco Xavier de Oliveira Costa. Aos 30 de junho de tarde.* Lisboa: Régia Oficina Tipográfica, 1791.

CASCUDO, L. da C. *Literatura oral no Brasil.* Belo Horizonte: Itatiaia, 1984.

CASSIRER, E. *Filosofía de la ilustración.* México: Fondo de Cultura Económica, 1975.

CASTILHO, J. F. de. Discurso sobre a necessidade de se protegerem as sciencias, as lettras e as artes no Império do Brasil. *Revista do Instituto Histórico e Geográfico Brasileiro,* Rio de Janeiro, v.2, 1891.

CAVALCANTI, N. *O Rio de Janeiro setecentista:* a vida e a construção da cidade da invasão francesa até a chegada da corte. Rio de Janeiro: Zahar, 2004.

COMPENDIO *histórico do estado da Universidade de Coimbra no tempo da invasão dos denominados jesuítas e dos estragos feitos nas ciências e*

186 MARIA RENATA DA CRUZ DURAN

nos professores, e diretores que regiam pelas maquinações e publicações nos novos estatutos por eles fabricados. Lisboa: Régia Oficina Tipográfica, MDCCLXXI.

COMPILADOR CONSTITUCIONAL POLÍTICO E LITERÁRIO BRASILIENSE. Rio de Janeiro: Typographia de Moreira e Garcez, 1822.

CONCILIADOR DO REINO UNIDO, Rio de Janeiro, 1821 a 1822.

CORUJA, A. A. P. *Manual dos estudantes de latim, dedicado à mocidade brasileira, por seu patrício.* 2.ed. am. e rev. Rio de Janeiro: Typographia Franceza, 1844.

COUTINHO, A. *A literatura como fator da nacionalização brasileira.* Separata do Arquivo Municipal LXXXIV – Ano XXXV, p.201-220. São Paulo: Brasil.

CURTO, D. R. *Cultura escrita:* séculos XV a XVIII. Lisboa: ICS, 2007.

_____. *Introdução à literatura no Brasil.* Rio de Janeiro: GB, 1975.

D'ANNUNCIADA, D. J. *Método de ensinar a eloquência que segue o Cônego Regrante de Santo Agostinho, e Professor nas Reais Escolas de São Vicente de Fora em Lisboa. Do agrado de sua eminência o senhor cardeal arcebispo de Évora, meritíssimo diretor das mesmas reais escolas.* Lisboa: Tipografia de Bulhões, 1826.

DANTAS PEREIRA, J. M. *Cartas de José Maria Dantas Pereira dirigidas a Manoel José Maria da Costa e Sá referindo-se a assuntos relacionados com a Real Academia de Lisboa. Lisboa, 21 de julho de 1825-30 de novembro de 1830.* Lisboa: s. n., [1825-30]. (DM/ BN/ RJ).

D. JOÃO IV. *Ofício do diretor de instrução da corte.* Rio de Janeiro, Arquivo Nacional, 1837. Manuscrito (Série Educação 3).

D. JOÃO VI. *Ordens expedidas para o Brasil.* Lisboa: Arquivo Nacional, 1799. I-29, 19, 1.

DEBRET, J. B. *Viagem pitoresca e histórica ao Brasil.* São Paulo: Martins, 1975.

DELEUZE, G. *Foucault.* Trad. Claudia Sant'Anna Martins. Rev. Renato Janine Ribeiro. São Paulo: Brasiliense, 1988.

DENIS, F. *Brasil.* Belo Horizonte: Itatiaia, 1980.

DIÁRIO FLUMINENSE. Rio de Janeiro: Tipografia Plancher, 1825-1831.

DIAS, M. O. L. da S. *Quotidiano e poder em São Paulo no século XIX.* São Paulo: Brasiliense, 1984.

DU MARSAIS. *Lógica ou reflexões sobre as principais operações do entendimento.* Lisboa: Oficina Simão Tadeu Ferreira, 1801.

DUARTE, Pe. M. P. R. *Oração sagrada por ocasião do solene te deum que o leal e heróico povo do Rio de Janeiro fez cantar na igreja matriz de s.anna em a tarde de 16 de janeiro de 1830.* Rio de Janeiro: Tipografia d'Astrea, 1830.

DUBOIS, J. et al. *Retórica geral*. São Paulo: Cultrix, MCMLXXIV.

DURAN, M. R. da C. D. *Ecos do púlpito*: oratória sagrada no Rio de Janeiro de d. João VI. São Paulo: Unesp, 2010.

EBEL, E. *O Rio de Janeiro e seus arredores em 1824*. São Paulo: Brasiliense, 1972.

EGAS, E. (Org.) *Cartas de D. Pedro, Príncipe Regente do Brasil, a seu pai D. João VI, Rei de Portugal (1821-1822)*. São Paulo: Typographia Brasil, de Rothschild & Cia, 1916.

ELLEBRACHT, Frei Sebastião. *Religiosos Franciscanos da Província da Imaculada Conceição do Brasil na Colônia e no Império*. São Paulo: Vozes, 1989.

ESBOÇO *biográfico e necrológico do conselheiro José Bonifácio de Andrada e Silva*. Rio de Janeiro: Paula e Brito, 1838.

EWBANK, T. *Vida no Brasil ou diário de uma visita à terra do cacaueiro e da Palmeira*. São Paulo: Itatiaia, 1976.

FACHADA, M. T. R. *As luzes da educação:* fundamentos, raízes históricas e prática das aulas régias no Rio de Janeiro (1759-1834). Rio de Janeiro, 1998. Tese (Doutorado em História) – Universidade Federal do Rio de Janeiro.

FERNANDES, G. *Composição de textos na escola brasileira:* em busca de uma história. *Do Ratio Studiorum* aos manuais de estilo do final do século XIX. São Paulo, 2006. Tese (Doutorado em Educação) – Faculdade de Educação da Universidade de São Paulo.

FERNANDES, Pe. A. P. C. *Missionários jesuítas no Brasil no tempo de Pombal*. Porto Alegre: Globo, 1936.

FERREIRA, S. P. *Preleções philosóphicas sobre a theoria do discurso e da linguagem, e esthética, a diceósyna e a cosmologia*. Rio de Janeiro: Impressão Régia, 1813.

FERREIRA, S. P. *Preleções filosóficas*. 2. ed. São Paulo: Grijalbo/Edusp, 1970.

FIGUEIREDO, A. P. de. *Compêndio das épocas e sucessos mais ilustres da História Geral*. Lisboa: Imprensa Régia, 1782.

FIGUEIREDO, C. *Mestres de armas, seis histórias sobre duelos*. São Paulo: Cia. das Letras, 2001.

FONSECA, P. J. *Tratado dos afetos e costumes oratórios, considerados a respeito da eloquência. Dividido em duas partes*. Lisboa: Régia Oficina Tipográfica, 1786.

FONSECA, T. N. de L. Historiografia da educação na América portuguesa: balanço e perspectivas. *Revista Lusófona de Educação*, n.14, 2009, p.111-24.

FONSECA, T. N. de L. *Letras, ofícios e bons costumes*: civilidade, ordem e sociabilidades na America Portuguesa. Belo Horizonte: Autêntica, 2009.

FOUCAULT, M. *As palavras e as coisas*. São Paulo: Martins Fontes, 1999.

188 MARIA RENATA DA CRUZ DURAN

_____. *O que é o autor?* São Paulo: Martins Fontes, 1996.

FRANÇA, J. M. C. *Literatura e sociedade no Rio de Janeiro oitocentista*. Lisboa: Casa da Moeda/Imprensa Nacional, 1999.

FREITAS, A. de A. *O Correio Paulistano em 1831*: conferência realizada na sessão de 20 de outubro de 1915. *Revista IHGSP*, São Paulo, v.20, 1915/1918.

_____. A constituição de 25 de março de 1824: discurso proferido na sessão de 20 de março de 1917. *Revista IHGSP*, São Paulo, v.20, 1915/1918.

FREYRE, G. *Sobrados e mucambos*: decadência e patriarcado rural e desenvolvimento urbano. 14.ed. São Paulo: Global, 2003.

GALVÃO, B. F. R. O púlpito no Brasil. *Revista do Instituto Histórico e Geográfico Brasileiro*. Rio de Janeiro, t.92, v.146, 1926.

GAMA, M. do S. L. *Documentos biográficos 1818-1819*. s. l.: s. n. [1818?]. (DM/ BN/ RJ).

_____. *Lições de eloquêcia nacional*. Rio de Janeiro: Typographia Imparcial de Paula Britto, 1844 (v.1)-1846(v.2).

_____. *O carapuceiro*: crônicas e costumes. São Paulo: Companhia das Letras, 1996.

GARDNER, G. *Viagem ao interior do Brasil*: principalmente nas províncias do norte e nos distritos do couro e diamante, durante os anos de 1836-1841. Belo Horizonte: Itatiaia, 1975.

GUIMARÃES, A. *Diccionário bio bibliográfico brasileiro de diplomacia, política externa e direito internacional*. Rio de Janeiro: Edição do Autor, 1938.

GURGEL, M. J. A. *Elogio histórico*: notícia dos sucessos políticos que precederão e seguirão-se a proclamação da independência na província de São Paulo, pelo dr. Olegário Herculano de Aquino e Castro. Rio de Janeiro: Typographia Universal Laemmert, 1871.

HALLEWELL, L. *O livro no Brasil*. São Paulo: Queiroz, 1985.

HOLANDA, S. B. *Capítulos de literatura colonial*. São Paulo: Brasiliense, 1991.

HONORATO, M. da C. *Compêndio de Rhetórica e Poética*. Rio de Janeiro: Typografia Cosmopolita, 1879.

HOUAISS, A. *Dicionário eletrônico da língua portuguesa*. Rio de Janeiro: Objetiva, 2007.

IMBERT, I. B. A. *Discurso sobre a influência que as letras exercem no estado social e da necessidade de as fazer florescer*. Rio de Janeiro: Typographia Austral, 1836.

JOÃO, PRÍNCIPE REGENTE. *Ordens expedidas para o Brasil [...]*. Rio de Janeiro: s. n., [180-]. (DM/ BN/ RJ).

JORNAL DE ANÚNCIOS. Rio de Janeiro: Typographia Real, 1821.

RETÓRICA À MODA BRASILEIRA   189

JORNAL SCIENTIFICO, Economico e Literario ou Coleção de Peças, Memóricas, Relações, Viagens, Poesias, Anedotas, Misto de Instrução e Recreio Acomodado a Todo Genero de Leitores. Rio de Janeiro: Tipografia de Torres, 1826.

JULIA. D. A cultura escolar como objeto histórico. *Revista Brasileira de História da Educação*, v.1, n.1, 2001, p.9-43.

JUNTA DA PROVIDÊNCIA LITERÁRIA. *Compendio Histórico e apendix que dão uma clara e específica ideia dos estragos que os denominados jesuítas fizeram; primeiro na universidade de Coimbra e consequentemente nas aulas de todos estes reinos.* Lisboa: No dia 28 de agosto de 1774. (AN, CX 496, IE 3).

LARA, S. H. *Fragmentos setecentistas*: escravidão, cultura e poder na América Portuguesa. São Paulo: Cia. das Letras, 2007.

LEAL, F. L. *Plano de estudos elementares.* Lisboa: Oficina de João Procópio Correa da Silva, MDCCCI (1801).

LE GOFF, J. *Os intelectuais e a classe média.* Rio de Janeiro: José Olympio, 2003.

LEITÃO, J. S. Notícia sobre a educação no Rio de Janeiro. In: *Informação sobre os estabelecimentos de ensino da mesa do desembargo do paço.* Arquivo Nacional, II, 34, 30, 24, 28 jul. 1823 (carta).

LIMA, L. C. *História. Ficção. Literatura.* São Paulo: Cia. das Letras, 2006.

LIMA, O. *Aspectos da literatura colonial brasileira.* Rio de Janeiro/Brasília: INL, 1984.

LISBOA, B. da S. *Fala do conselheiro Balthazar da Silva Lisboa, lente da segunda cadeira do 2º ano do curso jurídico da cidade de São Paulo, na abertura de sua aula em 3 de março de 1829.* Rio de Janeiro: Tipografia Imperial e Nacional, 1829.

LOPES, H. *Frei Francisco de Monte Alverne*: pregador imperial. Roteiro para um estudo. Rio de Janeiro: Vozes, 1958.

LOS RIOS FILHO, A. M. *O Rio de Janeiro Imperial.* Rio de Janeiro: Topbooks, 2000.

LUCCOCK, J. *Notas sobre o Rio de Janeiro e partes meridionais do Brasil. Tomadas durante uma estada de 10 anos nesse país (de 1808 a 1818).* São Paulo: Martins, 1978.

LUSTOSA, I. *Insultos impressos*: a guerra dos jornalistas na independência (1821-1823). São Paulo: Cia. das Letras, 2000.

MACEDO, J. A. de. *Os frades ou reflexões philosophicas sobre as corporações regulares.* Lisboa: Impressão Régia, 1830.

190   MARIA RENATA DA CRUZ DURAN

_____. *Os jesuítas e as letras ou a pergunta respondida.* Lisboa: Imprensa Régia, 1830.

MACEDO, J. M. de. *Um passeio pela cidade do Rio de Janeiro.* Rio de Janeiro: Planeta do Brasil, 2004. v.I.

MACHADO, R. *Foucault, a filosofia e a literatura.* Rio de Janeiro: Zahar, 2001.

MADUREIRA FEIJÓ, J. de M. *Orthographia de arte de escrever e pronunciar com acerto a língua portugueza para o uso do exmo. Duque de Lafões pelo seu mestre... Presbítero do H. de S. Pedro, Bacharel em Teologia e Pregador.* Lisboa: Imprensa Régia, 1806.

MAGALHÃES, D. de. Ensaio sobre a história da literatura no Brasil. *Niterói, Revista Brasiliense,* São Paulo, Academia Paulista de Letras, 1978.

MAIA, E. J. da S. *Discurso sobre as sociedades scientíficas e de beneficência que tem sido estabelecidas na América, recitado na sociedade literária do Rio de Janeiro.* Rio de Janeiro: Brito, 1836.

MARCÍLIO, M. L. *História da escola em São Paulo e no Brasil.* São Paulo: Imprensa Oficial de São Paulo/Instituto Fernand Braudel, 2005.

MARQUES DE CARACCIOLI. Os verdadeiros interesses da pátria. In: *Obras escolhidas.* Lisboa: Typographia Rollandiana, 1805. t.9.

MARTINS, E. V. *A fonte subterrânea:* José de Alencar e a retórica oitocentista. Londrina: Eduel, 2005.

MARTINS, W. *História da inteligência brasileira (1794-1855).* São Paulo: Cultrix, 1977.

MASCARENHAS, N. L. *Um jornalista do império.* s. l.: s. n., 1961. v.2.

MAWE, J. *Viagens ao interior do Brasil.* Belo Horizonte: Itatiaia, 1978.

MENDONÇA, L. B. *O silêncio e a ação:* jesuítas no Brasil após a Reforma Pombalina. Rio de Janeiro, 2010. Dissertação (Mestrado em Educação) – Universidade Estadual do Rio de Janeiro.

MENESES, B. R. P. de S.-M. *Compendio rhetorico ou arte completa de rhetorica, com método fácil para toda a pessoa curiosa, sem freqüentar as aulas, saber a arte da eloquência:* toda composta das mais sábias doutrinas dos melhores autores, que escreveram desta importante ciência de falar bem. Por... fidalgo da casa de sua majestade fiselíssima. Lisboa: Simão Tadeo Ferreira, 1794.

MONIZ, H. *No tempo da monarchia.* São Paulo: Editora Nacional, 1929.

MONTE ALVERNE, F. *Obras oratórias.* Rio de Janeiro: Garnier, 1858. t.II.

_____. *Obras oratórias.* Rio de Janeiro: Garnier, 1856. t.I.

MORAES, E. V. de. *Qual a influência dos jesuítas em nossas letras?* Rio de Janeiro: Tipografia Revista dos Tribunais, 1914.

RETÓRICA À MODA BRASILEIRA 191

MORAIS, R. B. de. *Livros e bibliotecas no Brasil colonial.* São Paulo: Secretaria da Cultura, Ciência e Tecnologia do Estado de São Paulo, 1979.

MUNICÍPIO DA CORTE. *Instrução pública secundária. Resposta à Circular de 21 de janeiro de 1835, sobre compêndios de ensino de instrução pública secundária.* Rio de Janeiro: s. n., 1835. (AN, CX 496, IE 3).

NAXARA, M. R. C. *Cientificismo e Sensibilidade Romântica – Em busca de um sentido explicativo para o Brasil no século XIX.* Brasília: UnB, 2002.

NEVES, G. P. *O seminário de Olinda:* educação, cultura e política nos tempos modernos. Niterói, 1984. Dissertação (Mestrado) – Universidade Federal Fluminense.

NEVES, L. M. B. das. Censura, circulação de ideias e esfera pública de poder no Brasil, 1808-1824. *Revista Portuguesa de História,* Lisboa, t.XXXIII, 1999.

———. *Corcundas constitucionais:* cultura e política (1820-1823). Rio de Janeiro: Revan; Faperj, 2003.

NEVES, L. M. B. P. et al. *História e imprensa:* representações culturais e práticas de poder. Rio de Janeiro: DP&A, 2006.

O AMIGO do Rei e da Nação. Rio de Janeiro, 1821 a 1822.

O BEM DA ORDEM. Rio de Janeiro: Tipografia Real, 1821.

O CONSELHO DA BOA AMIZADE, ou Projeto de Reconciliação Entre os Hemisférios. Rio de Janeiro: Tipografia de Silva Porto E Cia., 1823.

O CONSTITUCIONAL. Rio de Janeiro: Tipografia do Diário, 1822.

O DESPERTADOR CONSTITUCIONAL EXTRAORDINÁRIO. Rio de Janeiro: Tipografia Silva Porto e Co., 1825-6, 8.

O ESPELHO DIAMANTINO, Periódico de Política, Literatura e Belas-Artes, Teatro e Moda. Rio de Janeiro: Plancher, 1827 (vários anos).

O GRITO DA RAZÃO na Corte do Rio de Janeiro. Rio de Janeiro: Imprensa Nacional, 1825.

OLIVEIRA, C. H. L. S. A astúcia liberal: relações de mercado e projetos políticos na Corte do Rio de Janeiro, 1820/1824. 1.ed. Bragança Paulista: Ícone/Universidade São Francisco, 1999.

O MACACO BRASILEIRO. Rio de Janeiro: Silva Porto e Co., 1822.

O MODERADOR: Novo Correio do Brasil, Jornal Político, Comercial e Literário. Rio de Janeiro: Tipografia Ogier, 1830.

O PATRIOTA: Jornal Litterario Politico e Mercantil. Rio de Janeiro: s. n., 1813-1814.

O SPECTADOR BRASILEIRO: Diário Político, Literário e Comercial. Rio de Janeiro: Typographia Plancher, 1824.

192 MARIA RENATA DA CRUZ DURAN

O SYLPHO: Periódico Fluminense. Rio de Janeiro: s. n., 1823.

O VERDADEIRO LIBERAL: Periódico Político-Literário. Rio de Janeiro: Imprensa Nacional, 1826.

O VERDADEIRO pregador no século XVIII, referindo os processos e decadências e restaurações, que tem tido a Oratória sagrada, desde o princípio do mundo até o presente e reprovando o sistema adotado por alguns pregadores, mais modernos: propõe ultimamente em diferentes sermões, diferentes modelos da Eloquência Evangélica. Porto: Oficina de João Agathon, 1798.

O VOLANTIN. Rio de Janeiro: Tipografia de Torres e Costa, 1822.

OFÍCIO *em que o diretor nos descreve as acomodações do Convento de São Francisco sua propriedade e conveniência com o estabelecimento do curso jurídico de são Paulo, 1827.* [São Paulo]: s. n., 1827. (AN, CX 496, IE 3).

OGIER, R. *Manual da tipografia brasiliense, antigo impressões de Paris, estabelecido no Rio de Janeiro desde 1827.* Rio de Janeiro: Tip. Ogier, 1832.

OLIVEIRA, A. R. V. de. A igreja no Brasil. *Revista do Instituto Histórico e Geográfico Brasileiro.* Rio de Janeiro, 1866. t.XXIX, 1.Parte, p.159-99.

OLIVEIRA, C. H. L. S. A astúcia liberal: uma relação de mercado e projetos políticos no Rio de Janeiro (1820-1824). São Paulo, 1986. Tese (Doutorado) – Faculdade de Filosofia, Letras e Ciências Humanas, Universidade de São Paulo.

OLIVEIRA, E. M. da R. *A Arte Poética de Horácio por Pedro José da Fonseca.* Disponível em: <http://www2.dlc.ua.pt/classicos/fonseca.pdf>. Acesso em: 8 nov. 2008.

ORDEM TERCEIRA DE SÃO FRANCISCO. *Plano de Estudos para a Congregação dos Religiosos da Ordem Terceira de São Francisco do Reino de Portugal.* Lisboa: Regia Oficina Tipografica, 1769.

PARANHOS, H. *História do Romantismo no Brasil (1830-1850).* São Paulo: Edições Cultura Brasileira, 1937.

PEREIRA, A. *Elementos da invenção e locução retórica ou princípios da eloquência:* escritos e ilustrados com breves notas por Antonio Pereira, presbítero da Congregação do Oratório de Lisboa: que os dedica e consagra ao Illmo. e Exmo. Senhor Conde de Oeyras. Lisboa: Oficina Patriarcal de Francisco Luiz Ameno, 1759.

PEVSNER, N. *Academias de arte:* passado e presente. São Paulo: Companhia das Letras, 2005.

PINHEIRO, J. C. F. Breves reflexos sobre o sistema de catechese seguido pelos jesuítas no Brasil. *Revista do Instituto Histórico e Geográfico Brasileiro,* Rio de Janeiro, v.19, n.23, 1856.

PORTUGAL. *Alvará de regulamento para os estudos das línguas latinas, grega e hebraica e da arte da retórica.* Lisboa: Tipografia Oficina Rodrigues Galhardo, 1759.

_____. *Decreto de 29 de Dezembro de 1801.* Lisboa: Tipografia Régia, 1801.

_____. *Discurso mandado por sua majestade em resposta ao que lhe dirigiu o presidente das cortes na sessão de 4 de julho de 1821.* Rio de Janeiro: s. n., 1821. (DM/ BN/ RJ).

_____. *Informação sobre os estabelecimentos de ensino da Mesa do Desembargo do Paço.* Rio de Janeiro: s. n., 1821. (DM/ BN/ RJ).

_____. *Instruções para os professores de gramática latina grega, hebraica e de retórica, ordenadores e mandadas publicar por el Rey n.s. para uso das escolas novamente fundadas neste reinos e seus domínios. 28/06/1759.* Lisboa: Tipográfica Oficina de Miguel Rodrigues, 1759.

PRIMITIVO, M. *A instrução e o Império.* São Paulo: Melhoramentos, 1936.

_____. *A instrução e as províncias.* São Paulo: Nacional, 1940.

RELAÇÃO *e índice alfabético dos estudantes, matriculados na Universidade de Coimbra no ano letivo de 1819 para 1820; suas naturalidades, filiações e moradas.* (AN, Caixa 496, IE 3).

RENAULT, D. *O Rio antigo nos anúncios de jornais.* Rio de Janeiro: José Olympio, 1969.

RESPOSTA *a uma carta sobre as coisas do Brasil.* Paris: Imprimiere, 1824. (AN/FOR 0563).

REVÉRBERO CONSTITUCIONAL FLUMINENSE. Rio de Janeiro: s. n., 1821-1822.

RIBEIRO, A. L. *Theoria do Discurso Aplicada à Língua Portuguesa.* Lisboa: Impressão Régia, 1819.

RIBEIRO, G. *A liberdade em construção*: identidade nacional e conflitos antilusitanos no Primeiro Reinado. Rio de Janeiro: Relume & Dumara; Faperj, 2002.

RIBEIRO, J. S. *História dos estabelecimentos científicos, literários e artísticos de Portugal, nos sucessivos reinados da monarquia.* Lisboa: Tipografia da Academia Real das Ciências, 1871.

RIO BRANCO, B. do. *História do Brasil:* esboço escrito para Le Bresilien em 1889. São Paulo: Livraria Teixeira & Irmão, 1894.

RIZZINI, C. *O livro, o jornal e a tipografia no Brasil (1500-1822):* com um breve estudo sobre a informação. São Paulo: Imesp, 1988.

ROMERO, S. *História da literatura brasileira.* Rio de Janeiro: José Olympio, 1949.

194 MARIA RENATA DA CRUZ DURAN

RUGENDAS, J. M. *Viagem pitoresca através do Brasil*. São Paulo: Livraria Martins, 1940.

SABATINA FAMILIAR DE AMIGOS DO BEM COMUM. Rio de Janeiro: s. n., 1822.

SAINT-HILAIRE, A. de. *Viagem à Província de São Paulo e Resumo das viagens do Brasil, Província Cisplatina e Missões do Paraguai*. São Paulo: Martins, 1903.

_____. *Viagem pelas províncias do Rio de Janeiro e Minas Gerais*. Trad. e notas Clado Ribeiro de Lessa. São Paulo: Brasiliana/Companhia Editora Nacional, 1938. (5.série, v.126, t. I, ed. il. Biblioteca Pedagógica de Fernando de Azevedo)

SALDANHA, M. de. *Plano de estudos elementares*. Lisboa: Correa Silva, MDCCCI.

SAMPAIO, F. *Sermão de ação de graças pela prosperidade do Brasil, pregado a 4 de março de 1822 na Capela Real por Frei Francisco de Sampaio*. Rio de Janeiro: s. n., 1822. (DM/ BN/ RJ).

SCANTIMBURGO, J. de. *O Brasil e a revolução francesa*. São Paulo: Pioneira, 1989.

SCHAPOCHINIK, N. *Letras de Fundação*: Varnhagen e Alencar – Projetos de narrativa instituinte. São Paulo: Universidade de São Paulo, 1992.

SCHOPENHAUER, A. *Como vencer um debate sem precisar ter razão*. Dialética erística. Rio de Janeiro: Topbooks, 1997.

SEIXAS, R. A. *Sermões e panegíricos*. Bahia: Silva Serva, 1819.

SENNETT, R. *O declínio do homem público*. São Paulo: Cia das Letras, 1988.

SILVA ALVARENGA, M. *Glaura: Poemas eróticos*. Lisboa: Nunesiana, MDCCCI.

SILVA, F. G. da. *Memórias*. Rio de Janeiro: Souza, 1959

SILVA, I. F. da. *Dicionário bibliográfico português*. Estudos de Inocêncio Francisco da Silva aplicáveis a Portugal e ao Brasil. Lisboa: Imprensa Nacional, 1860.

SILVA, J. M. P. da. *Os varões ilustres do Brasil durante os tempos coloniais*. Rio de Janeiro: Garnier, 1868.

_____. *História da fundação do império brazileiro*. Rio de Janeiro: Garnier, 1877.

_____. Estudos sobre a Literatura. *Nitheroy, Revista Brasiliense: Ciências, Letras e Artes*. São Paulo, Biblioteca da Academia Paulista de Letras, 1978, p. 214-243.

SILVA, J. N. de S. *História da literatura brasileira e outros ensaios*. Rio de Janeiro: Zé Mário Editor, 2005.

RETÓRICA À MODA BRASILEIRA **195**

SILVA, M. B. N. da. *Silvestre Pinheiro Ferreira*: ideologia e teoria. Lisboa: Livraria Sá da Costa, 1975.

_____. *Cultura e sociedade no Rio de Janeiro (1808-1821)*. 2.ed. Pref. Sérgio B. de Holanda. São Paulo: Editora Nacional, 1978.

_____. *O império luso-brasileiro*. Lisboa: Estampa, 1986.

_____. *Ser nobre na colônia*. São Paulo: Editora Unesp, 2005.

_____. *A Gazeta do Rio de Janeiro (1808-1822)*: cultura e sociedade. Rio de Janeiro: Eduerj, 2007.

SILVEIRA BUENO. *História da Literatura luso-brasileira*. São Paulo: Saraiva, 1968.

SOBRINHO, J. F. F. *Dicionário bio-bibliográfico brasileiro*. Rio de Janeiro: Irmãos Ponceti, 1937

SODRÉ, H. *História da eloquência universal*. São Paulo: Forense, 1968.

SODRÉ, N. X. *História da imprensa no Brasil*. Rio de Janeiro: Graal, 1977.

SOUSA CALDAS, A. P. *Obras poéticas com notas e aditamentos de F. de B. G. Stockler*. Coimbra: Imprensa de Trovão & Comp., 1836.

SOUTHEY, R. *História do Brasil*. São Paulo: Obelisco, 1965.

SOUZA, I. L. C. *Pátria coroada*. São Paulo: Editora Unesp, 1998.

SOUZA, R. A. de. *O império da eloquência*: retórica e poética no Brasil oitocentista. Rio de Janeiro: Eduerj; Eduff, 1999.

SOYE, L. R. *Manual de deputados ou advertências aos senhores deputados das cortes de Lisboa, dedicado a D. Pedro de Alcântara, príncipe regente e defensor perpétuo do Brasil*. Rio de Janeiro: Silva Porto, 1822.

SPIX, J. B von; MARTIUS, C. F. P. Von. *Viagem pelo Brasil (1817-1820)*. São Paulo: Melhoramentos, 1976.

SÜSSEKIND, F. *O Brasil não é longe daqui*: o narrador, a viagem. São Paulo: Cia. das Letras, 1990.

TAMOYO. Rio de Janeiro: s. n., 1822.

TAUNAY, A. de E. *História colonial da cidade de São Paulo no século XIX*. São Paulo: Arquivo Histórico, 1956. (v.III: 1801-1822).

TAUNAY, V. *Servidores ilustres do Brasil*. São Paulo: Melhoramentos, 19??.

TOCQUEVILLE, A. *O antigo regime e a revolução*. São Paulo: Martins Fontes, 2009.

TORRES, J. C. B. *Figuras do estado moderno*: representação política no Ocidente. São Paulo: Brasiliense, 1988.

TOUSO, R. *Um império para salvar o reino:* a ideia da transferência da Corte Portuguesa nos discursos de D. Rodrigo de Sousa Coutinho, 1778-1808.

196 MARIA RENATA DA CRUZ DURAN

Franca, 2004. Dissertação (Mestrado em História) – Universidade Estadual Paulista "Júlio de Mesquita Filho".

UNIVERSIDADE DE COIMBRA. *Estatutos da Universidade de Coimbra* (1772). Coimbra: Universidade de Coimbra, 1972.

VAHIA, J. J. *Atestado de freqüência de José Soares Carneiro no curso de retórica. Rio de Janeiro, 24 de abril de 1818.* Rio de Janeiro: s. n., 1818. (DM/ BN/ RJ).

VAINFAS, R. *Dicionário do Brasil Império.* Rio de Janeiro: Objetiva, 2002.

VARNHAGEM. *História do Brasil.* 7.ed. São Paulo: Melhoramentos, 1952.

VERISSIMO, J. *História da literatura brasileira:* de Bento Teixeira (1601) a Machado de Assis (1908). Rio de Janeiro: José Olympio, 1969.

VERNEY, L. A. *Verdadeiro método de estudar.* Lisboa: Livraria Sá da Costa, 1952, v.I-V.

VEYNE, P. *Como se escreve a história?* Brasília: UnB, 1998.

VIANNA, H. *História do Brasil.* São Paulo: Melhoramentos, 1962.

WEHLING, A.; WEHLING, M. J. C. M. *Formação do Brasil colonial.* Rio de Janeiro: Nova Fronteira, 1999.

_____. O funcionário colonial entre a sociedade e o rei. In: Del PRIORE, M. (Org.) *Revista do Paraíso.* Rio de Janeiro: Campus, 2000. p.139-59.

WOLF, F. *O Brasil literário.* São Paulo: Cia. Editora Nacional, 1955.

ZILBERMAN, R.; LAJOLO, M. *A leitura rarefeita:* livro e literatura no Brasil. São Paulo: Brasiliense, 1991.

SOBRE O LIVRO

Formato: 14 x 21 cm
Mancha: 23,7 x 42,5 paicas
Tipologia: Horley Old Style 10,5/14
Papel: Offset 75 g/m² (miolo)
Cartão Supremo 250 g/m² (capa)
1ª edição: 2013

EQUIPE DE REALIZAÇÃO

Coordenação Geral
Marcos Keith Takahashi

Impressão e Acabamento:

psi 7

Printing Solutions & Internet 7 S.A